Pets

For thousands of years, people have kept animals as pets. The most common pets are dogs, cats, fish, birds, reptiles, and hamsters. Many pets can perform work for people. Dogs can keep watch, and cats can control rodents. Some people raise livestock, such as cows, lambs, goats, and even pigs, as pets. Most wild animals do not make good pets, and many states regulate the capture and care of these animals.

Veterinarians are doctors who treat animals. Veterinarians can work at animal hospitals, animal shelters, zoos, and universities.

```
Y W Y C K G
P B R H R D A F L G
T P A R A K E E T C O H
W N I U V B S T Y D L C M
G L E S F H J B L P E D A E
U G U I N E A P I G V F N F
P H B V S A L B G T N I A P
P M A C A W K C S H M S R H
Y V F M O N K E Y C T H Y I
K W P B S L O V E B I R D J
A T U R T L E D N Z J N L
V M P L C E B W O T P M
S Y M H O R S E G L
H W N K V F J B
A E
```

canary	lovebird
cat	macaw
dog	monkey
goldfish	myna
guinea pig	parakeet
guppy	rabbit
hamster	snake
horse	turtle

How many of each type of animal are listed in the puzzle?

1. birds _____

2. mammals _____

3. fish _____

4. reptiles _____

SEE GLOSSARY

Mammals

All mammals are alike in five important ways. Mammals have hair on their bodies for part or all of their lives. They also have large, well-developed brains. Mother mammals feed milk from their own bodies to their young. Mammals are **warm-blooded**, which means that the temperature of their bodies stays about the same no matter how warm or cool the weather. Mammals care for their young. They protect them and teach them the skills they will need to live on their own.

SEE GLOSSARY · SEE GLOSSARY

```
        D K A S
      C G J B G L N U
    X M F W S X I C T Y S
  D L B K I J O F R S D C D
  W E G Y N S F H L A M V A
  P F C L V B A T V D F S T T
  M G K S Q E U B X P L F B U J
  U D M D O L P H I N R E W C
  S Y D R O C X I H M S X R H D
  J W A L R U S J T A K T M J O
  P J W R G S K M O N K E Y X R A K I
  X F L A K C E B N H T R L I H S P Y L
  R M S D O G L I V S K U N K M E E O
  Y A N S V F J D M G O A T H S C N
  H C L N          O D J
  P C U            R E P
  Y Q O Y          U E B
  R T O            H R
  A S G N          Y P W
```

ape	dog	goat	raccoon
bat	dolphin	horse	skunk
cat	elephant	monkey	walrus
deer	giraffe	mouse	wolf

Answer each clue with a mammal from the word search.
Then write the letters in the boxes.

A. I can swing in trees using my tail. _____

B. My face is marked like a bandit. _____

C. I make clicking sounds underwater. _____

D. I am the largest land animal. _____

E. I am the tallest land animal. _____

F. You might mistake me for a flying mouse. _____

G. I like to float on ice. _____

H. I am the only animal with bones called antlers. _____

Insects

Both people and insects are animals, but they differ in many ways. Insects have a hard outside shell instead of bones. Insects have six legs, and most adult insects have wings.

An insect's body has three parts. The head has eyes, **antennae** (an-**ten**-ee), and the parts that eat. The **thorax** is behind the head. The wings and legs are connected to the thorax. The **abdomen** is the tail end. Some insects, such as bees, have a stinger on the end of the abdomen.

SEE GLOSSARY

Label the insect parts below.
Use the words in the box to help you.

abdomen

antennae

eye

head

legs

thorax

wings

Think about it!

Design an insect that could live underwater.

Fireflies are bioluminescent, which means they give off light. A chemical reaction in the bug's abdomen creates the flashing or glowing light.

4

One of the largest insects is the Goliath beetle. It can grow to four inches long.

One of the smallest insects is the fairy fly. It can hardly be seen with the naked eye.

ant
bee
beetle
butterfly
cicada
cockroach
cricket
dragonfly
firefly
fly
grasshopper
katydid
ladybug
mayfly
mosquito
moth
termite
wasp

SEE GLOSSARY · SEE GLOSSARY

```
        B C A M
      B F T M V I F I Y B
    B C U Y L G O U C Q C J H Y
    F D R C J G Y D S W A S P D B N
  L O N I V L R T E B Q T D I F U F T
  P E Y M C B H A E H V S U Y A S T J B
  G A N T K X K S D T E R F I F Y T T N M
  S B J H F E V F S T Y F G H Y T H E J K B
  T L C K M T Y N H X R B I L G K O R V D E
  V H D C O C K R O A C H U F D U J F N Y E
  N I S R T T G K P W F V H G J G K L F A K T
  W G H N H I F W P L Y C K M L A T Y P R H E
  P M B D I B U I E T J S M M A M D M I B U
  F C E B L S D R A G O N F L Y N Y W K C
  I Y T E R M I T E D E F E O U F G T I
  P B J T X T H P F V S T H T P L H Y
  M N S L H O D I L B I F B H J Y
  O Y D E L K A T Y D I D R
      S T F H R I F S K
```

There are at least four times as many kinds of insects today as all other kinds of animals combined!

A cricket's "ears" are located on its front legs.

Reptiles and Amphibians

Reptiles and amphibians are **cold-blooded** animals, which means that their body temperature varies with their surroundings. Like many animals, reptiles and amphibians have backbones.

Amphibians include frogs, toads, salamanders, and caecilians. Most amphibians spend the beginning of their lives in water and then live on land as adults. They have smooth, moist skin without scales.

Reptiles have overlapping scales that make their skin dry and rough. Some reptiles are snakes, lizards, turtles, crocodiles, and tuataras.

Reptiles and amphibians live on every continent except Antarctica. In hot climates, they stay in the shade or are active at night. To survive cold winters, many species hibernate.

alligator
bullfrog
crocodile
frog
gecko
iguana
lizard
newt
salamander
skink
snake
toad
tortoise
tuatara
turtle

SEE GLOSSARY

```
          A T B G C W K
      I G U A N A V G X U B H I C V
    V E V S F H S W C O E U L C S W R T C
  D I L T A I K D K D N A S C H L D N O S A H
  E M D E K L E S N I E F G I R K I F T A H E S
  F A L S A L A M A N D E R F J B O E R Y K J H
  G Q K I G I W H G K H G M O G T R S T O G E K
  H R T H Z G D E Y H G E K T G Y O T K E G X
  A U R J A N G R K W M V K B X I A B T Y
  N S A J C T R J C R O C O D I L E J D U S J I
  K W K T F G O K D Y P L D S T U H O K W R K H B
  B L F A M L R Y A Q F L H E O N L M L E T L F J T
  M T O R T O I S E J K Y N L W M E S F M L A M M R
  S U Y A B U J K       N M O T W N G E N F D
  O O Q O W A           I R H T H K I O H
```

Use the code to learn the names of some unusual reptiles and amphibians.

A	D	E	F	G	I	K	L	N	O	R	S	T	U	Z

1. This amphibian grips smooth surfaces with sticky suction pads on its toes.

2. If threatened, this reptile spreads a flap of skin around its neck.

3. This reptile has spines on its back and can live for over 100 years.

4. This amphibian lives in mountain streams with fast currents.

5. This type of young newt can grow a new leg if one is injured.

6. This poisonous reptile gives a warning before it strikes.

Birds

Birds are special animals because they have feathers. Most birds use the feathers on their wings for flying. Feathers also keep birds warm in cold weather and dry in water.

Birds use their beaks to eat different kinds of food. Birds that eat hard seeds have short, cone-shaped beaks. Hawks and owls have hooked beaks for tearing apart their prey. Ducks have flat beaks to filter tiny plants and animals from the water.

Birds' feet come in many shapes and sizes. Birds that perch on tree branches usually have three toes in front and one toe behind, for good grip. Long, wide toes keep a heron from sinking in mud. Birds of prey have long, curved claws called talons. Ducks and water birds often have webbed feet.

```
H A
V E
B K R M P
L I M O E R
U N W J N
E G S H G
L J F T Q U J M
H A I S U I H O
W P Y S C V N I
N U T H A T C H B
V W O S E A G U L L
P H O L D R J W K P
C D G O M D T B X K M
D R O A D R U N N E R
W O O B F P F C O I B
K C P N B H P E I K L K
S J F A M I Y V C K G
J R T A N R N P I K C R E K D I
Q S G        D J O S T R I C H D W T E H D U O S
W U D L S D Q C Y S P A R R O W N A T I C R F V B L N T
  A H U M M I N G B I R D I S M Z N L N Y R B U H U O
  C V I H S N D T P G O L D F I N C H A J A Q O W L I
  W P E L I C A N        C K        F J M E L I J
```

blue jay	hummingbird	owl	roadrunner
cardinal	jacana	pelican	robin
duck	kingfisher	penguin	seagull
goldfinch	nuthatch	pigeon	sparrow
hawk	ostrich	quail	woodpecker
heron			

SEE GLOSSARY · SEE GLOSSARY

The bar-headed goose is believed to be the highest flyer. It has been known to fly at an altitude of over 30,000 feet.

The peregrine falcon is thought to be the fastest diver at over 200 miles per hour.

The bee hummingbird is the smallest bird at about 2 inches long and weighing about 2 grams.

The male African ostrich is the largest bird. It can be 9 feet tall and weigh 300 pounds.

The emperor penguin can dive underwater at depths of over 500 feet.

Help the bird find the way back to its nest.

Ocean Plants and Animals

Close to shore or far from land, at the sunny surface or miles down in inky blackness, the ocean is filled with plants and animals. Most ocean animals are fish— about 15,000 different kinds have been identified so far. Fish usually live in the shallow water over the **continental shelf**.

Many animals besides fish live in the ocean, including tiny plankton and huge whales. Sharks are fish, but they don't have bones. Instead, a shark's skeleton is made of **cartilage**. Whales and dolphins are mammals. They are **warm-blooded**, they breathe air, and they give birth to live young. Many ocean animals are **invertebrates**. They don't have backbones. Some invertebrates are jellyfish, starfish, and squid.

SEE GLOSSARY · SEE GLOSSARY ·

Think about it!

How do oil spills and other forms of pollution affect ocean plants and animals?

```
            D A T S G T A
          U Q L R F K E L P H
          W J S H R I M P A J K I
          V F H H O N J M B W K D O
          E S V K A N C S M P E B O
A       F H H L C K L A T E Q E F L
F C
D A R A B G D S E A H O R S E J O A D T P
O M H A S Q U I D R H R M Q P U K P F J H
B T Y B I V H J K S A I L F I S H U A I
J B A R N A C L E P L A N K T O N J S N
C G K J K S O G M E Q S T A R F I S H V
L O H A       S T L T Q A H O N Q U I
S M D       S E A A N E M O N E
T
```

barnacle	eel	sailfish	shark
cod	kelp	sea anemone	shrimp
coral	limpet	sea fan	squid
crab	octopus	seahorse	starfish
dolphin	plankton	seaweed	whale

Circle the hidden ocean creatures.

jellyfish

manta ray

clownfish

crab

starfish

sea anemone

angelfish

green turtle

reef shark

11

Rainforest Animals

Rainforests are regions of forest with year-round warmth and large amounts of rainfall. More kinds of birds, insects, mammals, reptiles, and plant species live in the world's rainforests than in any other region. Many rainforest animals are unknown or endangered. Scientists worry that these unique creatures may become **extinct** because of the destruction of the world's rainforests.

Rainforests can be divided into four layers. The **canopy** is the top layer. A few very tall trees rise above the canopy. They are called **emergent trees**. The **understory** is the middle layer between the canopy and the rainforest floor that is shaded by larger trees. The **floor** is very dark because the trees above block most of the sunlight. Each rainforest layer supports different plants and animals.

SEE GLOSSARY · SEE GLOSSARY

WORLD RAINFORESTS

▇ rainforest region

Think about it!

Why do you think people cut down rainforest trees?

How are rainforest creatures different from other animals?

Label the layers of the rainforest.
   A. understory
   B. canopy
   C. floor
   D. emergent trees

A **toucan** uses its colorful bill like a flag to communicate with other toucans. The large bill looks heavy, but it is actually hollow and very light.

Since the rainforest is usually dark, orchids often develop bright flowers and strong scents to attract insects. Some orchids smell like sweet perfume, and others smell like rotting meat.

```
T W
O L R         H M O T
H Y E C A P Y B A R A
E M A R M O S E T N A R
T L L G O U Y U R D N S Y
V A E F O P R L T R G I J
G O J P P A R R O T I U E W
H N K S I H U I H U L T R L
T O U C A N R A C L N L A I K
F S C O R P I O N J L O N S
K R L C X M I C G T F A I B
E L E O P A R D P O K L R
H V B T A M A R I N M M
N J R Y H C U S C U S
G A       G R
```

capybara
cobra
cuscus
elephant
gorilla
lemur
leopard
mandrill
marmoset
okapi
orangutan
parrot
scorpion
sloth
tamarin
tapir
tarsier
titi
toucan

A typical rainforest **gecko** has tiny scales and hairs on its feet for good grip. It can run upside down on branches. If an enemy grabs a gecko's tail, the tail will break off. The gecko can grow a new one later.

SEE GLOSSARY · SEE GLOSSARY

Amazing Animals

More than a million different kinds of animals have been studied and named so far. Scientists believe there may be several million more types of animals that are still undiscovered. Animals live all over the world— in harsh deserts, the frozen Arctic, dark rainforests, and the bottom of oceans. All animals move, breathe, feed, grow, have young, and adapt to their environment.

Animals are many shapes, colors, and sizes. Even common animals and insects have unique characteristics and behaviors. Some of the most amazing animals are easily recognized by their appearance or abilities. Every animal has developed a special coloring, strength, or defense that makes it able to survive in its **habitat**.

Each of a chameleon's eyes can look in different directions. Its tongue shoots out so quickly that it can hardly be seen by humans.

chameleon
cheetah
flea
giraffe
howler monkey
king cobra
mayfly
ostrich
parrot
piranha
platypus
quetzal
skunk
tuatara

SEE GLOSSARY · SEE GLOSSARY

```
            S A
        B   R V W
    A Z Q K M A Y F L Y C T J C
    D O F U B J N O M D B H T D T Z
    A E E S E T H C H E E T A H B W E A
    Q F H X F T H T K Q N F S M W F N C T L
    G U A O G Z R G B K U T R E L G Q P S T
    P V H M W A H I S R E T Z L S T H L R H
    I D T B O L N X C I R K T E H Y D A J O I
    H J P N U G Q E K J H O Q Y O I N Z T P J G
    L V K I S A H U R T B K G T N K C W Y K H L
    J P A R R O T L M M V K L I X B L C P J L N
    L W M V T A M A G T O I B U R M S K U N K
    N B R O P N H R K L N D N Y A T H S N C
    U W S F O H H K A N G K O D W F T F O
    T D O L P W A L V C F E P R S F P J
    T K Q E U J U P O I H Y Q K T E
    K X R A T Y R B M R P L R
        I F H H S R H S T O
            F T A
```

14

Answer each clue with an animal name from the pictures below.

1. Smart Talker I can be taught to speak words. _____

2. Fast Feet I run up to 70 miles per hour. _____

3. Tall Tail My tail feathers are more than twice my body length. _____

4. Big Bird I can grow up to 9 feet tall and weigh 300 pounds. _____

5. Ferocious Fish I attack any creature in the water. _____

6. Super Leaper I can jump about 200 times my own length. _____

7. Loud Mouth My call can be heard 3 miles away. _____

8. A Ton of Tongue My tongue can be longer than the length of my body. _____

9. Unique Mammal I lay eggs instead of live young. _____

parrot

flea

howler monkey

quetzal

piranha

ostrich

cheetah

chameleon

platypus

Dinosaurs

Dinosaurs were as varied in appearance and habits as land animals are today. Some were huge, and some were tiny. Some walked on two feet, some walked on four feet, some flew, and some swam in the oceans. Some ate plants, and some ate meat. Some had smooth skin, some had scales, and others had bony plates.

Although dinosaurs became **extinct** 65 million years ago, they resembled modern reptiles in some ways. Some dinosaurs had teeth, skin, and brains similar to those of reptiles living today. There are some big differences between dinosaurs and modern reptiles. Most dinosaurs were enormous, some as large as 150 feet long. Plus, many dinosaurs could walk on two legs, like us.

Think about it!

Why do you think dinosaurs became **extinct**?

```
              T B O H
              C C O I C
R T Y R A N N O S A U R U S N D
S Y U E E A J E X T I N C T R J E K
X F A T H P O Y F P F O S S I L G S
F Q R T P X F Y T R I C E R A T O P S
M V L O S A F R W S I A T L O T J X T I
P A L E O N T O L O G Y L P S L R Q N
B R A C H I O S A U R U S E T Y U
D E V U A B R S H J Y I N C T K O
L S T E G O S A U R U S B I      R
G A L L O S A U R U S M
N I U Y O E N R H Y R
H A D R O S A U R W
        V S O N
        J R
```

allosaurus

apatosaurus

bones

brachiosaurus

eoraptor

extinct

fossil

hadrosaur

paleontology

reptile

stegosaurus

triceratops

tyrannosaurus

The allosaurus was a meat-eating dinosaur. It had many teeth with saw-like edges.

SEE GLOSSARY. SEE GLOSSARY

Footwear

The earliest shoe was probably made of hide or braided grass held on the foot by leather cords. In colder climates, people wore moccasins. They were a bag-like covering over the foot tied with string.

Modern shoemaking began in the late 1800s, when machines were used to make shoes. Despite new techniques and materials, many shoe styles have been worn for centuries. Some people in the Netherlands wear wooden shoes. Many people in Asia wear silk slippers. In some places, sandals are the most practical footwear.

Think about it!

Which is more important to you, a shoe's style or its comfort? Why?

```
P T C S Y
L B U B L H K
G H O S M I E L C
N O I J A H P Y A N
E S G E N F P S F T C
M R H V D T E N N I S
C H B C A G R R G D E
O S U T L Z S H S V C
Z T I S O G Y N X
W T E J B G H O D
T O V E A K S W F
A N O B L C L S J
P K M D L T A H
T S K N G E W O O
B H N T W T N H E
M O C C A S I N S
E O F Q L K Q
S M T S J D
G R S C
```

ballet
boots
cleats   moccasins
clogs   pumps
high button   sandals
loafers   slippers   tap shoes
                snowshoes   tennis
                steel toe   wooden

A pair of very expensive shoes were made in 1977 for Emperor Bokassa of the Central African Empire (now called the Central African Republic). The shoes cost $85,000 and were covered with pearls.

Veggies

A vegetable is a food that comes from a plant's bulb, flower, fruit, leaf, root, seed, or stem. Most vegetables do not have many calories but supply important vitamins and minerals. They are eaten raw or cooked, and they are used as seasoning.

Vegetable plants are different from fruit plants. All vegetables grow from seeds in one season and are replanted the next year. Fruit plants bear fruit for a number of years. Vegetables grow on soft stems or vines. Fruits grow on wood-like stems, trees, or bushes.

Both vegetable plants and fruit plants can produce fruit. A fruit develops from a flower and contains seeds. Tomatoes and watermelons are fruits from vegetable plants.

Think about it!

What is your favorite vegetable? Which part of the plant do you eat?

```
    T N A    V A M T    D T N
    A R R E M    N T L Q J    B A S Y
    B P W O S C X C I T E H K D S T L O
    D G O E A V O C A D O F E B F P I F M D
    K B R V P R E H B G V J R K E A K B J H
    F O M X C B P J Y B L O F A S J R E G E Y K
    S X V I S A C E H A X C N B R N A F E X E M
    Y T D C R K F U L R G H A K I P W G C H Z Y T
    L A I E I N T C L H E I G D V O I U A T U K P
    D K M L T G M U F I J N T G R T N S F R C A J
    S H P E A M K M V U F C D Y D A N R J C C S M
    O I N R F B L B T G D L T I L T D C H O H Z L
    X C M Y E C J E M U P S O H X O B I M R I U H
        X A R N W R T B W G N F G S N N A N
        O R C I G N O B E A N K I H I O
        P R D H Y I J W R M N
        W V O H I M P B Z H
        L S H T R K V
        X M O
```

asparagus
avocado
bean
beet
cabbage
carrot
cauliflower
celery
corn
cucumber
leek
onion
pea
pepper
potato
radish
turnip
yam
zucchini

Fruits

Fruit is the part of a flowering plant that contains the seeds. Fruit plants are perennials, which are plants that live for more than two years without being replanted. Most fruits are juicy, sweet, or tart, and most are enjoyed as desserts.

Fruits are divided into three types according to the climate in which they thrive. Temperate fruits require a cold season every year and include apples, pears, and many berries. Subtropical fruits need warm or mild temperatures at all times. Most citrus fruits are subtropical, including oranges, lemons, and limes. Dates, olives, and figs are also subtropical. Tropical fruits cannot survive even a light frost. They must be in warm climates. Bananas, mangoes, pineapples, and papayas are tropical fruits.

apple
apricot
banana
blueberry
cherry
date
fig
grape
grapefruit
lemon
lime
mango
melon
olive
orange
papaya
peach
pear
pineapple
plum
raspberry
strawberry

```
N W A I C
M C D N J H B
S K E H M L E S O
D O C S L X W R P Y N
E L S W A O T R F V I
S I G T P B N Y K G O
R V D T R M I V N R J T
E O N I A C H L H T H U
B I R C G W A T P W K I T V P G I
M P O I J B O J L P L C G O K M O L H P G
D A T E R C E F G U K E N V R Q F L I E N B
W Y P N T L P N R H I M L M J B A N A N A C Y
L M A H G Y I M U R T E M U O R T N R K C D I
I G Y C W O N K F J Y U N B P N H W G U H K N
M U A Y X R E W T G I P R G R A P E F E H O I
E G P K U T A P L R A S P B E R R Y H N L D
E A P P L E P X H O V B T O V P F G M I
Y R G R T R P G R A P E F R U I T I
W C H B L U E B E R R Y W A T O G
E T J E Z W K A J F T V H
R E T S A F R U
```

Fairy Tale & Nursery Rhyme Characters

Many familiar fairy tales and nursery rhymes were made into books in the 1700s. John Newbery, a writer, publisher, and bookseller in England, recognized that children have special interests. He published translations of Mother Goose, first published in France by Charles Perrault. During Perrault's time, many authors thought that writing books for children was not dignified.

Since then, many fables and stories have been made into books. Find them at the library, and read them for yourself!

Think about it!

Draw a picture of a scene from your favorite story.

```
        T A
    Y P V C C N B
  P P I E D P I P E R V
  G U T D T S F K N I S L U D
  R I S T H E L E S T D N K W H E
  A S F D R E T R P S E O D H L
  B I K G R E T J R G L R C I G
  H N R F A P E D O P S H E C L
  I B V T B I S L B U X A W L H I
  O P D B N U G I J Y N H Y L I P
  O K E I G L A N T C S I K M A O
  T J L T B Y X H S T E N K G W V
  S B M T E H F O V M L R P O B M
  L T G A R G O Y U A E N L H S N
  H E S U I P D X B N A P D T R S
  W P T K P A V N D W C I P L T
  Q W Y T M C N T G O J L G I
  R O H X R B R D R Z C O R S
  C S I T G S F E A S C T
  S N O W W H I T E R K
  X B R V T N U E M I S
      L N V J L
```

Cinderella

Goldilocks

Hansel and Gretel

Peter Pan

Peter Rabbit

Pied Piper

Pinocchio

Puss in Boots

Robin Hood

Sleeping Beauty

Snow White

Three Little Pigs

Answer each clue with a story from the word search.

1. My nose grew if I told a lie. _____

2. I robbed the rich and gave to the poor. _____

3. My carriage turned into a pumpkin. _____

4. I took a bite of a poisoned apple. _____

5. We made our houses of different materials. _____

6. I was chased out of Mr. McGregor's garden. _____

7. We found a gingerbread house. _____

8. I tried to find what was just right. _____

9. I'm the boy who wouldn't grow up. _____

10. I pricked my finger on a spinning wheel. _____

11. I used my pipe to lead rats from town. _____

12. I found a fortune and a royal wife for my master. _____

Children's Book Authors

Many books are available for children today. This was not always true. Before 1850, only a few books were written for children. These books were usually based on facts and focused on good manners and polite behavior.

Today, children can read stories from an author's imagination. This kind of story is called **fiction**. The names used in this word search are authors of some well-known children's books.

SEE GLOSSARY · SEE GLOSSARY

Think about it!

Think about all the books you have read. Which story did you like the most? Which story did you like the least? Why?

What book would you recommend to a friend? Why?

Andersen, Hans Christian

Bemelmans, Ludwig

Keats, Ezra Jack

Lindgren, Astrid

Lobel, Arnold

Milne, A. A.

Potter, Beatrix

Sendak, Maurice

Seuss, Dr.

Twain, Mark

White, E. B.

Wilder, Laura Ingalls

```
G A T M A U S P
M R B U W Z S T B N G B O K
I W C A N D E R S E N C W Y D
T I L H B N T D W M R I K R
Y N K E T I D N Y L M B L S E
B U J S N O A F Y A E M D N F
D K O L E H W K B G M O N E G K
L L W A U M V O J E L H H R H
K O C B H S I R S L U N M O D
J B A L K B S T J M B C T K O B
M E T E Y E N T C A E I N S K I
V L K A B L W L I N D G R E N L
E O Y O M H P N U S T D E I O R
A N L G N T S K O N V N F H S N
X O K A O T H W R I Y T G F T I
P V T E C W E P H K S R Y N S R
S Y N G A I D Y M I L N E M O X
R W P O T T E R R T F U G R
G E A H N S G I R S E
H N T E P U H
E S R U H Y
N P M
```

Answer each clue with an author from the word search.
Check the answer key on page 90 to see how many you answered correctly.
Then read what your score means on the scorecard below.

1. The Tale of Peter Rabbit: a raider in McGregor's garden _____

2. The Adventures of Tom Sawyer: Huck's best friend _____

3. Where the Wild Things Are: a dream with wild creatures _____

4. The Cat in the Hat: a cat brings rainy day fun _____

5. The Ugly Duckling: a sad bird grows into a swan _____

6. Frog and Toad Are Friends: the search for a button _____

7. Pippi Longstocking: a girl with a pet monkey _____

8. Winnie-the-Pooh: a favorite stuffed animal _____

9. The Snowy Day: fun in winter _____

10. Charlotte's Web: a spider and a pig on a farm _____

11. Little House on the Prairie: pioneer life _____

12. Madeline: a French schoolgirl _____

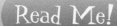

Scorecard

12	8-11	4-7	0-3
Perfect score!	Great job!	Good try!	Keep reading!

Musical Instruments

The earliest music was probably created by voices. Now, a wide variety of musical instruments produce different kinds of sounds. Instruments are grouped by the method they use to produce sound. Five major groups of instruments are string, wind and brass, percussion, keyboard, and electronic.

Think about it!

Design your own instrument. In which group does it belong?

String instruments, including violins, guitars, and harps, make sounds when strings vibrate.

Keyboard instruments, such as pianos and organs, are operated by pressing keys, pedals, or levers.

Electronic instruments, such as electric guitars and synthesizers, use electricity to generate sound.

Percussion instruments are played by striking or shaking them. Drums, xylophones, and tambourines are percussion instruments.

Wind and Brass instruments make music when air is blown through a tube. Saxophones, clarinets, and flutes are wind instruments. Trumpets, trombones, tubas, and French horns are brass instruments.

Write each instrument from the word search in the correct group.

String

_____

_____

_____

Wind and Brass

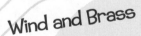

_____

_____

_____

24

```
H L S T C T N A I K
M J B V I O L I N L C S B
N O C E L L O A G K C D Y I U C
F U S V I D K M R N R H O N M Z K
C E A F A P J T R I G W E L T S B I P
F P G O N G X L F H N T A Y S H T Z A F T
T O S P H C G O N T E V H N T E G U G L K
F R H Y U S I B P G T R T W H S R J Y U S
O R G U I T A R O U H H U C I P I A N O T C E
J H B N M R G S B T W O J B D L Z F U D E F J
T H A X N P F U O T R E N U A T E H C M S K V
L R U W E T E F A I D E I D R U M B L C
C Y P O H T R V Q T A B M O T     T M
O T     W O S N E N C S N
        P M O B U G L E Z
        R B C L P L Y N
        T O F S T E
        D R N Y I
        S U G E S
        W Y P T
```

bugle
cello
clarinet
cymbals
drum
flute
gong
guitar
harp
oboe
organ
piano
saxophone
synthesizer
triangle
trombone
trumpet
tuba
violin

SEE GLOSSARY · SEE GLOSSARY

Percussion

_____

_____

_____

_____

Keyboard and Electronic

_____

_____

Gadgets and Gizmos

Inventing is putting ideas and materials together to make something that did not exist before. Inventions have been occurring since the Stone Age, when people began using rocks as tools. New inventions can make life easier, healthier, more comfortable, and fun.

Some of the inventions listed below have changed the course of world history. The plow and the tractor have changed farming. Cellophane and plastics have made shopping for food more convenient and safe. The computer is an important part of businesses, schools, and private lives.

Think about it!

What kind of invention do you need? Draw a picture of your new invention.

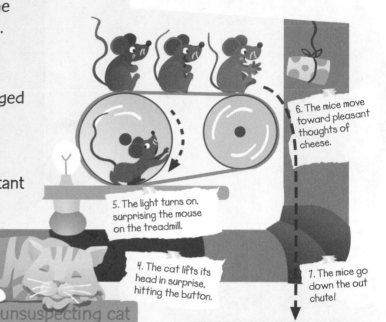

6. The mice move toward pleasant thoughts of cheese.

5. The light turns on, surprising the mouse on the treadmill.

4. The cat lifts its head in surprise, hitting the button.

7. The mice go down the out chute!

3. The gears pull the string that tugs the tail of the unsuspecting cat.

unsuspecting cat

2. The string turns the gears.

1. Spider scares the fly, tipping the seesaw.

Mouse Removal Device

It has been said that necessity is the mother of all invention.

OUT CHUTE

- airplane
- cellophane
- computer
- cotton gin
- electric light
- gunpowder
- laser
- motion picture
- plow
- printing press
- radio
- steam engine
- telegraph
- telephone
- tractor
- typewriter
- x-ray

SEE GLOSSARY

```
      B A A
T Y P E W R I T E R
X L J S C M U K O P F L
D R A H C T P D S H R B O N C
E T W S C E O E Y I N I T E I O
K G R B E T L J S A F K N C L M T T
Y T A I R P L A N E M N T S E Y T E
T O H D P K O O H O B D E I W C J O L A
A R D I G U N P O W D E R N S T X N E Y
W P A O B T W H J T G O N G G R K G G T
D T S C F N Y A F R H M J P L I J I R L
E R M O T I O N P I C T U R E C N N A
G M J I O M E F U P O Y E H L M E P
X H N V X R A Y O T T J S G I A I H
R B P O F K T H P C T S H G X R
A Y L T E L E P H O N E H P
C O M P U T E R H Y T
W G T P S R T
```

26

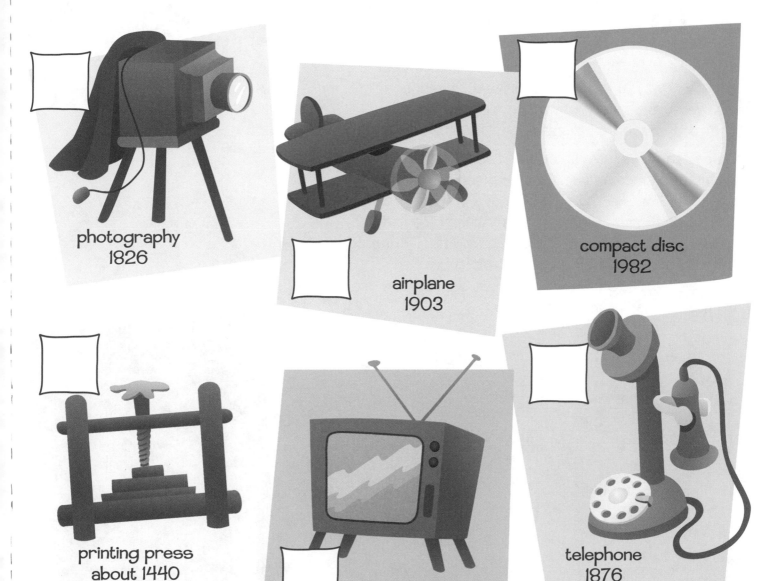

photography
1826

airplane
1903

compact disc
1982

printing press
about 1440

television
1920s

telephone
1876

Match the inventions with their descriptions.
Write the letters in the boxes.

A. a machine that produces printed materials

B. a vehicle that can travel through the air

C. a machine that transmits sound and speech to a distant place

D. the process of producing images on light-sensitive paper

E. a round, flat disc that stores data, music, and other information

F. a device that receives broadcasts of moving pictures and sound

Thomas Edison was a great inventor. He held 1,093 U.S. patents for inventions such as the phonograph, the lightbulb, batteries, and cement.

Games and Toys

Games and toys aren't just for fun! Games are an important way to teach social skills, such as sharing, teamwork, and sportsmanship. Toys can help develop one's coordination, problem solving skills, and memory.

Games and toys have entertained people since prehistoric times. In ancient Egypt, some children played with wooden dolls with movable joints and crocodiles with moving jaws. Ancient Roman children played with tops, hoops, and carts. During the Middle Ages, toy horses and soldiers were popular. Today, computers create sophisticated versions of games and toys.

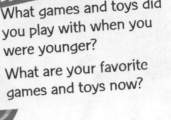

Think about it!

What games and toys did you play with when you were younger?

What are your favorite games and toys now?

```
          J L I X O
        T W V E A J A C K S
      H B C S R B Y N D Z V R C
    W N Z O P D Z R A F P S Z H T S
    I E S O F S E Z E L O K X D R E C
    P V F H K T R A M P O L I N E I J F H
  E A U D T U A D G M I K G O H T C A R G
  J H R Z A Y O T K Y L D O L O H Y F D T A
  F G O Z W P H E O N C T B Y N C B T B I
  Z C K L S N J B M Y H R V F L G J O G
  P U P P E T A H O J D E G H E B     P
  H F T H W E R T S A T O S L T N
  T C R A Y O N M D B R R L S M O
  T B S F C O U Z Z O A N D V Z N
  Z O A O G Y P O B L O C K O W T N
  P Z L T O X Y P L Y     R P V
  D P Q L M G H O N       Z L E
        E T
```

ball
balloon
block
book
car
chess
crayon
doll
jacks
puppet
puzzle
skateboard
top
trampoline
tricycle
yo-yo

28

Sports

Sports are activities played for fun, exercise, or competition. Many people participate in **amateur** sports, from backyard games of badminton to organized softball leagues. Professional athletes participate in sports as careers.

There are different types of sports. Individual sports do not require a group or team of players. Combative sports set one person against another, as in boxing or wrestling. Water sports include fishing, swimming, and water polo. Outdoor sports involve people in nature and include camping, hiking, and orienteering. Team sports, such as baseball and basketball, require players to communicate and work together.

Think about it!

Why do you like playing sports? Are there things you don't like about sports?

```
        Y H J A T
      T B A S K E T B A L L
    G W G C R T S B O V I C G
    H S S N O W B O A R D I N G D
    S L Q K A R L E C T T E N N I S
    F K U P R G U F C H M V O F K T L
  P R I A B C W H S E G O N J O P B T
  H O N S T H B O B R S U K T O N O E
  H V L H W E T O G Y M N A S T I C S
  O O I O B R B S W N H T Y O B J C B
  C L N L V Y H O J L Q A K L A K I P
  K L E Q U N Z L A C I I F C L W E
  E E S S R G V T K R M N Q B L
  Y Y K F N M E W O O D B G U
  T O B A S E B A L L Q Y I T E L
  P S A T P H W I O P U V K N C P
  Y B L I G R K N Q L E G I Q G
  R L N C J U D O S T R N G
  S G M   N G O P T G
```

archery
baseball
basketball
boccie
bowling
croquet
football
golf
gymnastics
hockey
in-line skating
judo
luge
mountain biking
polo
skateboarding
snowboarding
soccer
squash
tennis
volleyball

Fourteen Largest U.S. Cities

Most cities began at sites that were protected from enemy attacks. Over time, people settled in cities that were along trade routes, most often located by rivers.

Cities grew as new methods of transportation, such as canals, roads, and railways, made it possible to ship raw materials. Also, improved farming methods provided food for more people, allowing more people to take jobs outside of farming. Jobs opened up during the Industrial Revolution, and large cities evolved.

Today, cities face many challenges. Some cities continue to grow, while others are losing their populations.

Think about it!

What are some advantages of living in a big city?

What are some disadvantages?

New York was the largest U.S. city in 1900 and 2006.

Population of New York
1900: 3,437,202
2006: 8,214,426

Chicago, IL
Dallas, TX
Detroit, MI
Houston, TX
Indianapolis, IN
Jacksonville, FL
Los Angeles, CA
New York, NY
Philadelphia, PA
Phoenix, AZ
San Antonio, TX
San Diego, CA
San Francisco, CA
San Jose, CA

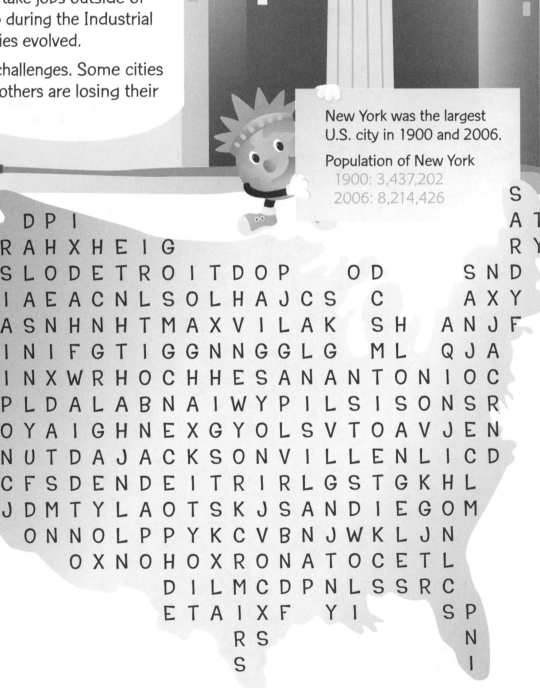

Hawaii
The Aloha State

Hawaii is a chain of over 100 islands in the Pacific Ocean. It is the only U.S. state that does not lie on the mainland of North America. Volcanoes, some of which are still active, formed the islands. Hawaii's natural beauty and pleasant climate make it a popular vacation destination.

The original settlers were from Polynesia. Today, Hawaii is home to people of many ethnic and national backgrounds. The Hawaiian customs of friendliness and vivacity give it the nickname "Aloha State". The word **aloha** means "greetings" or "love" in the Hawaiian language. Vacationers are often greeted with a wreath of flowers called a **lei** (lā) when they arrive at a Hawaiian island.

Think about it!

Where did your state's settlers originate?

HAWAII'S 8 "MAIN" ISLANDS

Kauai

Niihau

Oahu

Pearl Harbor

Honolulu

Molokai

Maui

Lanai

Kahoolawe

Hawaii

Pacific Ocean

Pacific Ocean

bananas
canyons
Honolulu
hula
islands
Kauai
lava
leis
Maui
mountains
Oahu
papayas
Pearl Harbor
pineapples
Polynesians
sugar
valleys
volcanoes
waves

SEE GLOSSARY. SEE GLOSSARY

The Hawaiian alphabet has only 12 letters —
a, e, h, i, k, l, m, n, o, p, u, and **w.**

```
                            B
            L           A   K
        O           U       A
        I   A       L   O
H   B   U   V   H   I   Y           Y   J
V G L U A   G M A U I       B T D G
A C M N W V A L L E Y S
V O L C A N O E S I
A A P T N V I U
G Y O K T R E H
H I L I S L A N D S W L
F M S N D M G U I R C M
N K Y O D T N P P A X N K S
U I H O V U L E I S A I A P O
X A O P P L N V N U P P G O H P
T U N F Y A L T E M B L A L I O
V M O B A N A N A S A R N Y C L
A S L E Y M X S P I U I S N A Y G
L Y U U E L T K P O N T W E N S M
U R L G I S H U L A U S M S Y U
F U V A V W A E R O V L I O I
L C O S R E I S B R Y Y A N W
P E A R L H A R B O R N S
E N R P T N S N Y S
```

Pioneers

Pioneers are the first people to venture into new lands. Thousands of American pioneers left the eastern United States to settle on land between the Appalachian Mountains and the Pacific Ocean. Two major pioneer migrations are an important part of U.S. history. Around 1760, pioneers traveled from the Appalachians to the Mississippi Valley. During the second migration, which began in the 1840s, pioneers reached Oregon and California.

There are many famous pioneers, including Daniel Boone, Kit Carson, and Davy Crockett. It is important to remember that thousands of men and women faced dangers and hardships as they looked for new opportunities. Pioneers discovered important facts about geography, transportation, and agriculture.

Think about it!

Why do you think pioneers left the eastern United States?

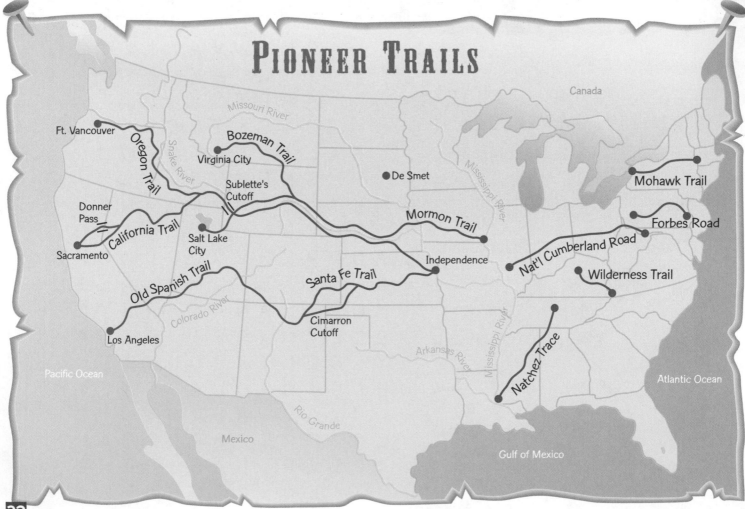

PIONEER TRAILS

Ft. Vancouver · Oregon Trail · Snake River · Missouri River · Bozeman Trail · Virginia City · Sublette's Cutoff · De Smet · Canada · Mohawk Trail · Forbes Road · Mormon Trail · Nat'l Cumberland Road · Wilderness Trail · Donner Pass · California Trail · Salt Lake City · Sacramento · Old Spanish Trail · Santa Fe Trail · Independence · Mississippi River · Los Angeles · Colorado River · Cimarron Cutoff · Arkansas River · Natchez Trace · Pacific Ocean · Rio Grande · Mexico · Gulf of Mexico · Atlantic Ocean

© School Zone Publishing Company

In the winter of 1846—1847, a party of over 80 pioneers became snowbound at Donner Pass, a cut through the Sierra Nevada Mountains. Despite desperate measures, fewer than 50 people survived.

Laura Ingalls Wilder wrote eight **Little House** books based on her pioneer childhood. The best-known book of the series is **Little House on the Prairie**.

Conestoga wagons are named for the community of Conestoga, Pennsylvania, where they were first built in the early 1700s. These covered wagons were used by many pioneers.

```
T E         G H S                A P L E            D T S
A E M D V Q M R P I D X S C R W R E Y F D J B P C M V P G
H P J S F D N V Y B O W I E R D O S Q D S E O N H C W S C
J F P D S U B L E T T E K I C O L T E R R M O T L L N D
E C L R E C L A R K X A Y O N C P G C E I N R Y O E E
T B F E I K A W I V G J K H N F K L N L S E B S U B W
M D W T S T F R F E B S G W E G S E Y H O Y Q T G O G
T R U K E T H S N E H M D R C P W T E N W H A H I
O N S T S E K I O R L E I F W P I R T J I Y L L W
V P K H K M D M J N E Y L T M B S I X O N H R I T
P Y S N B R I D G E R W E H L R W H I T M A N
```

Appleseed, Johnny	Clark, William	Lewis, Meriwether
Boone, Daniel	Colter, John	McLoughlin, John
Bowie, James	Crockett, Davy	Smith, Jebediah
Bridger, Jim	Donner, George & Jacob	Sublette, William
Carson, Kit	Jemison, Mary	Whitman, Marcus

Native Americans

Native Americans (often called American Indians) are the original people of North and South America. There were hundreds of different tribes. The languages, religions, and customs of the tribes varied widely.

In the late 1700s, the U.S. government and Native American tribal leaders signed treaties to maintain peace and settle land disputes. In 1830, Congress passed the Indian Removal Act. This forced Native Americans to live on reservations. Today, many Native Americans continue to struggle to maintain their cultures and protect their rights.

Think about it!

How is the life of a modern Native American different from a Native American's life before European settlers arrived?

Inuit
Iroquois
Cheyenne
Chippewa
Crow
Apache
Haida
Cherokee
Kickapoo
Kwakiutl
Navajo
Nez Perce
Pomo
Pueblo
Seminole
Shawnee
Sioux
Ute

```
A U                                          T A H E
G O Y W H V J                            I R Z U A P E
C C K I C K A P O O C U W A I P T A I R O Q U O I S Y C
C P W P R O E U T K I U F S H U K W P N V C J V D O D A
H A X T C H E Y E N N E W H V U P A W U H A O A L E
X K W D H R B S I U A I P P A O X U I F I U F V J N
G I Q T E Z L B E W V U C W G W H K W O P T Y G O A
U H U R O O N O Y A M E H R P N W C F P C O L H
T C R O W I N Q Z J O A I N O N E Z P E R C E I
L I V K P R T X E O T P S J E L E E C W Y N O
O K E H N I P K W Y A N I X O B H K A E W N
S E M I N O L E D C O L O C B U A L C L
Z O C I M W O P H P K W U T E O P U
I U O A H I E Y A N N X E X I
O K F X R J C K I P O
```

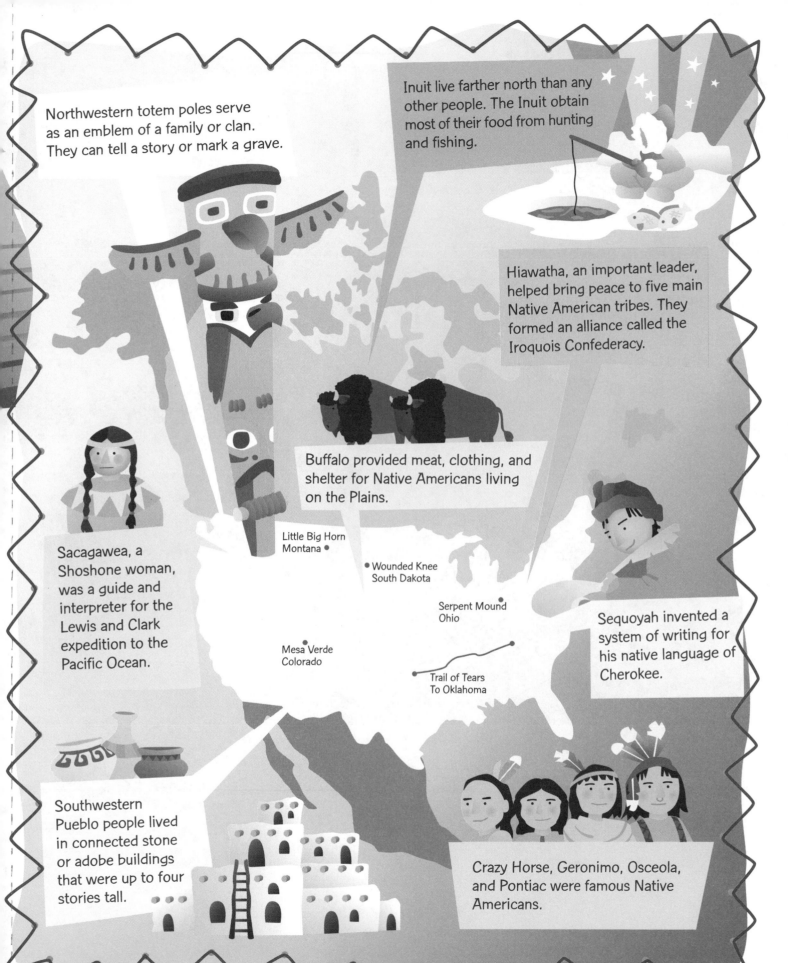

Northwestern totem poles serve as an emblem of a family or clan. They can tell a story or mark a grave.

Inuit live farther north than any other people. The Inuit obtain most of their food from hunting and fishing.

Hiawatha, an important leader, helped bring peace to five main Native American tribes. They formed an alliance called the Iroquois Confederacy.

Buffalo provided meat, clothing, and shelter for Native Americans living on the Plains.

Sacagawea, a Shoshone woman, was a guide and interpreter for the Lewis and Clark expedition to the Pacific Ocean.

Little Big Horn
Montana ●

● Wounded Knee
South Dakota

Serpent Mound
Ohio

Mesa Verde
Colorado

Trail of Tears
To Oklahoma

Sequoyah invented a system of writing for his native language of Cherokee.

Southwestern Pueblo people lived in connected stone or adobe buildings that were up to four stories tall.

Crazy Horse, Geronimo, Osceola, and Pontiac were famous Native Americans.

Canada

Canada is the second largest country in the world. It is rich in scenic beauty and natural resources. A federal government binds Canada's 10 provinces and 3 territories in a democratic nation. Canada's closest economic and social ties are with the United States, which shares common interests and a common background.

Think about it!

Why do you think Canada's population is less than the United States' population even though Canada is a larger country?

Approximate Area

Canada   3.84 million square miles

United States   3.79 million square miles

Approximate Population (2008)

Canada   33 million

United States   303 million

On February 15, 1965, Canada flew a new flag. It showed a red maple leaf, a symbol of Canada.

United States

Yukon

Northwest Territories

Nunavut

British Columbia

Alberta

Saskatchewan

Manitoba

Hudson Bay

Ontario

Quebec

Newfoundland and Labrador

Prince Edward Island

Nova Scotia

New Brunswick

United States

Niagara Falls

Niagara Falls is one of the greatest hydro-electric power sources in the world.

The territory of Nunavut was established in 1999. The word **Nunavut** means "our land" in Inuit.

Canadians celebrate Canada Day on July 1, the date in 1867 that Canada became a country. Canada still recognizes the British monarch as queen or king of Canada.

PROVINCES
Alberta
British Columbia
Manitoba
New Brunswick
Newfoundland and Labrador
Nova Scotia
Ontario
Prince Edward Island
Quebec
Saskatchewan

TERRITORIES
Northwest
Nunavut
Yukon

Canada has two official languages, English and French.

Hello! Bonjour!

Explorers

Since prehistoric times, people have engaged in exploration as they searched for food and shelter. Eventually, prehistoric people populated all of the continents except Antarctica.

During ancient and medieval times, explorers from Europe, the Middle East, and Asia charted territories far from their homelands. Even so, many parts of the world remained isolated until the Europeans became active explorers during a period known as the Age of Exploration, which lasted from the early 15th century until the 17th century. By the early 20th century, most parts of the world had been mapped. New frontiers for exploration still exist deep in the oceans and outer space.

Think about it!

How do you think early explorers prepared for a journey? What kinds of transportation and tools did they have? What were some of the dangers they faced?

c. 950–1000

ERIK THE RED
This Norwegian explorer was named Erik Thorvaldsson. He was nicknamed for his red hair. He named and colonized Greenland.

c.1540–1595

SIR FRANCIS DRAKE
Drake was the first Englishman to sail around the world. He earned a reputation as a ruthless pirate.

1930–Present

NEIL ARMSTRONG
This U.S. astronaut was the first person to step on the moon. He and Edwin Aldrin, Jr. landed on the moon on July 20, 1969.

1491–1557

JACQUES CARTIER
When he explored North America, this French explorer became friends with the Iroquois people. He named Canada and based the name on the Huron-Iroquois word "Kanata", which means "village".

1254–1324

MARCO POLO
This Italian explorer became famous for his travels. His book, **The Travels of Marco Polo,** was very popular.

Amundsen, Roald
Armstrong, Neil
Cabot, John
Cartier, Jacques
Champlain, Samuel de
Clark, William
Columbus, Christopher
Cortés, Hernando

Drake, Sir Francis
Erikson, Leif
Erik the Red
Hillary, Sir Edmund Percival
Hudson, Henry
Lewis, Meriwether

Livingstone, David
Magellan, Ferdinand
Marquette, Jacques
Polo, Marco
Ponce de León, Juan
Soto, Hernando de

Jeanne Baré was probably the first woman to sail around the world. In 1766, this young Frenchwoman disguised herself as a male servant and sailed on the first French voyage around the world.

```
                              B C Y H
              L E W U N I P N L M D
D A M U N D S E N R O A C Y L W A E C
R W Q K D C A R T I E R O D A R R L
O T D U S Y W R N S K V L R E Q T K
C N S F O L I E M T F T U L T U L I
O H G G I H S G D S O G H L K E G W
L S I Y R T I N P M T Y M E B T S F
U R U L G I W B N A S R T N R T I I
M E A J L I V I N G S T O N E E V
B A K C H A M P L A I N R N H K D
U B G L L I R Q O R T G B B G O
S V M E A G F Y U Y H R T L N
C O R T A L C B                F N D
T W D H F              L        D O U
  H U D S O N I M U H L E A H C P U A I P L H K
  H Y E R I K S O N C Q W T N N A C F Q O U D
  N F K A H I A R D U I U M P H B R F L H
  K T D S K M H K N I S D S X R S O T O A
  P O N C E D E L E O N T U M F K T I
```

South America

South America is the fourth largest continent. South America has a wide range of climates, including dry deserts, steamy rainforests, and cold mountain peaks. Most of the continent is warm all year. The exception is high in the Andes Mountains, where it is always cold.

The Amazon River Basin supports the world's largest tropical rainforest. The Andes Mountains form the world's largest mountain range. South America is also home to many spectacular resources, landforms, and species.

Think about it!

South America has been slow to develop its rich natural resources. Why?

The equator, which crosses Ecuador, gave the country its name.

The Amazon River flows over 4,000 miles from the Andes in Peru to the Atlantic Ocean. Only the Nile River is longer.

Much of Brazil is tropical and covered by the Amazon Rainforest.

Many people living in the Andes herd llamas, alpacas, and vicuñas. The hair and fur of these animals is used to make clothing.

Gauchos are the cowboys of Argentina and Uruguay. They wear wide-brimmed felt hats and baggy pants called **bombachas**.

Venezuela
Guyana
Suriname
French Guiana
Colombia
Ecuador
Amazon River
Peru
Brazil
Bolivia
Paraguay
Argentina
Uruguay
Chile
Falkland Islands

40

Rainforests surround the Amazon River. The Amazon Rainforest accounts for nearly half of the world's remaining rainforests. Every day, rainforests are cleared for settlement and development, causing the loss of species.

Angel Falls in Venezuela is the tallest free-falling waterfall in the world. It plunges about 3,212 feet. That's almost as long as 9 football fields!

Argentina
Bolivia
Brazil
Chile
Colombia
Ecuador
Falkland Islands
French Guiana
Guyana
Paraguay
Peru
Suriname
Uruguay
Venezuela

```
E C U A D O R V A
F R O D B G C S P
A P Y L M O U U A C
L R Z D O L G Y R L
K T G R E M U L A K Y
V R L U H E C T B Z G N I
Z B G N E A F B G N H Y I U R A K
I S Y R H U N J R Z V T H N A E H L
D C T I U N O Y D E A V B N I F Y C I U
E C H N F L R C D I U Z L E H Z N D L J
B O L I V I A V I K S R I U V N L K A M K
J Y A L Y A N C H N L C L I E A G U A Y
G W F R E N C H G U I A N A V N L U M D
H P G S U Z V A F N D N M S Y M I A N
U H C E O D K E Z I R L D O E V T U R
P D P U R U G U A Y P H S Z H P Y P T
E Y C U B I U Y Z Q H A N Y C B T A Z E
```

41

Alaska
The Last Frontier

Alaska is the largest state in the United States. It is more than twice the size of Texas, but Alaska has fewer people than most other states.

The United States purchased Alaska from Russia in 1867 for about two cents per acre. At the time, some people made fun of the purchase, thinking that Alaska was nothing but snow and ice. However, people soon realized that the value of Alaskan resources was far greater than the purchase price.

Alaska's state flag was designed by Benny Benson, a 13-year-old boy. Seven stars form the Big Dipper, symbolizing strength and the gold mining industry. The eighth star in the corner is the North Star, representing the state's northern location.

Think about it!

Design a flag to symbolize your state.

Alaska's most western point is only 51 miles from Russia. Why do you think Russia sold Alaska to the United States?

Word search words:

Anchorage
caribou
earthquake
fish
glacier
gold
Inuit
Juneau
kayak
minerals
mountains
mushers
oil
salmon
seals
timber
volcanoes

SEE GLOSSARY

National Parks

As people moved westward in the early 1800s, the United States became involved in protecting and preserving unique and special places. In 1872, the U.S. government established the first national park in the world, Yellowstone National Park. Since that time, hundreds of national parks have been created. Most national parks are preserved for their outstanding beauty, their unique wildlife, or the scientific importance of their natural features.

Think about it!

What are some of the problems facing national parks today?

```
        N C                  E U A
      Y H        T S Y P W H J V B
  C G I R U Y L P C N W S C N M K T
    N K J Y O E L A G R A N D C A N Y O N S C
  S C T M R W A L R D C E R A E N Y K E O H G U
  F Y O S E M I T E B L H F K D S D L A F N E
  I W N G I A L S V F G S O G L D W A E D R T W E G L
  H X G O S D Y N I A L H B V W H E B O L Y M P I C Y M O H
  L   N L O I E V E R G L A D E S A E T O B I H
      S C A N Y O N L A N D S A G T I K Y D E
      H A N C E S A C U K C H O R H O N L K X
      E   E G   I V H F G L A U S N V Y N L
          E N E A M V E A C A V R E
          R Y N L E A G W L H J N
          V M A R N U S L O K
          A P C N V A T E Y G
          D Y U S D R O Y S
          E C V R O E O D
          S N H G X A N R
          T O A C H D H O
          B A D L A N D S
          G Y V O I S S V
          V L R W A N B A
          E N O M I
```

Old Faithful is a geyser in Yellowstone National Park. It erupts about every 65 or 92 minutes, shooting a stream of boiling water more than 100 feet high.

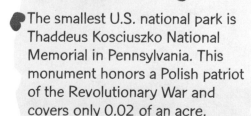

The smallest U.S. national park is Thaddeus Kosciuszko National Memorial in Pennsylvania. This monument honors a Polish patriot of the Revolutionary War and covers only 0.02 of an acre.

Badlands
Canyonlands
Carlsbad Caverns
Death Valley
Denali
Everglades
Glacier
Grand Canyon
Olympic
Redwood
Saguaro
Shenandoah
Yellowstone
Yosemite

Old Faithful

SEE GLOSSARY

Buildings

Buildings are designed by architects to meet goals of use, strength, and beauty. Early people lived in simple huts and tents for protection from the weather and animals. Today's buildings are a diverse and elaborate mixture of styles and purposes. They range from simple homes to temples, monuments, churches, schools, and commercial buildings.

Think about it!

Architects debate about whether the most important focus of building design is the building's form or its function. What is your opinion?

GLASS HOUSE

The development of elevators in the 1800s led to the design and construction of skyscrapers.

```
C V E A P T I S W P U C H U R C H
A S Y K Y N P I L B E O T C T
F T O W E R W A Q E L S V I S
I N H D L V A D G W R P G O Y
U A E M J P N M S O E I H C N L S K E
L R K Y X L N K I A D T O D A I V W Y
S H W G C A T H E D R A L V G B D E H
H K T H G N G O R A F L C N O R I R
D I Y U S E F B M T I U H U G A V N
Y V R S V T P Y E H M P A C U R S T
N K E B C A A M T O O S L A E Y N M
R Y T D E R L D O Y G T L S O L C
B R S T M I A E I D O O E T W D G
N A N H E U N P B U E I N L P I A
P L G E O M I S E J M O O E T U
V Y O D U S P M I R U D S P P A
K L N Q C R S L D G S B N M T Y
P T R U H Y U F E A E R V E N
L H O U S E M O S Q U E T M S
A L X M T M L Y P R M Y C E T
V C P R B K P O N S B K T H P
```

cabin
castle
cathedral
church
hospital
hotel
house
library
mosque
museum
pagoda
planetarium
pyramid
skyscraper
stadium
synagogue
temple
tomb
tower

SEE GLOSSARY · SEE GLOSSARY

Agriculture

Agriculture is the science of growing plants and raising animals for food, clothing, medicines, and other human needs. Agriculture is the world's most important industry. At one time, most people were farmers. As agricultural methods improved, farmers were able to provide a greater number of plants and animals.

Large, corporate farms meet a great portion of the world's agricultural needs. Smaller, private farms are important to maintain product and food diversity and availability. The main branches of agriculture include crop farming, dairy farming, ranching, poultry raising, and fruit growing.

Think about it!

What is the major agricultural product in your state?

How important is agriculture to your state's economy and identity?

```
J S B                 N U X
E S T H C O F W H A I E W T
K O A T F E F G V P L N I O D
C Y V B W R E T A C O R N S E O
S O W S R A C F P B T A T Y F H R
H F D H O H R I C E O F C A W Y G
T F L B E Y T L S H F R U I T H H
V E G E T A B L E R B I O W I O V
S E P U I V T E F Y L C P R B R T
H I O E H S F I A S K Y V B N S P
S L I C O T T O N G R O E T E R
C T R D Y S L R M S U G A R G
R N Y R B W N T W S B N N Y
    T A E U L D F T G F A O
    H W Q H P L P B P F
    C I U O N O I N
    A O U G L
    F T L S R
    F T T W R
    U V R L U
    L N Y E E
    A B W C W
```

barley
bean
cattle
coffee
corn
cotton
fruit
hog
horse
oat
potato
poultry
rice
rye
sheep
soybean
sugar
vegetable
wheat

Mountains

Mountains are found all over the world, even under the oceans. Movements of the earth's surface, volcanoes, and erosion can create mountains. A mountainous area of land usually lies 2,000 feet above its surroundings.

Mountain environments can vary greatly at different altitudes, which means that a variety of plants and animals can be found at different elevations. Most mountains are cold, snow-covered, and rocky near the peaks. Hiking, climbing, skiing, and snowboarding are a few of the sports enjoyed on mountains. Besides recreation, other uses for mountains include logging, mining, and grazing.

Think about it!

If you were going mountain climbing, what kind of clothing and equipment would you wear?

The Rocky Mountains are part of the Continental Divide. They separate rivers that flow east to the Atlantic Ocean from rivers that flow west to the Pacific Ocean.

Notable U.S. Mountain Peaks

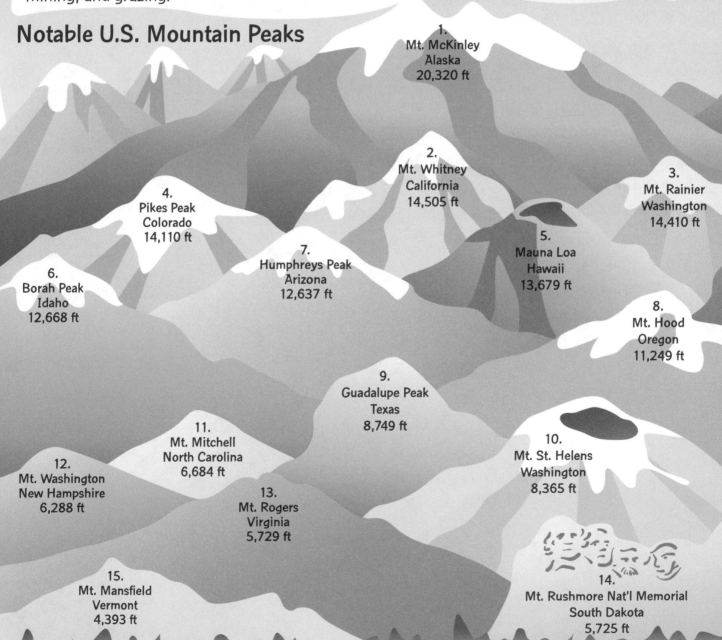

1. Mt. McKinley
Alaska
20,320 ft

2. Mt. Whitney
California
14,505 ft

3. Mt. Rainier
Washington
14,410 ft

4. Pikes Peak
Colorado
14,110 ft

5. Mauna Loa
Hawaii
13,679 ft

6. Borah Peak
Idaho
12,668 ft

7. Humphreys Peak
Arizona
12,637 ft

8. Mt. Hood
Oregon
11,249 ft

9. Guadalupe Peak
Texas
8,749 ft

10. Mt. St. Helens
Washington
8,365 ft

11. Mt. Mitchell
North Carolina
6,684 ft

12. Mt. Washington
New Hampshire
6,288 ft

13. Mt. Rogers
Virginia
5,729 ft

14. Mt. Rushmore Nat'l Memorial
South Dakota
5,725 ft

15. Mt. Mansfield
Vermont
4,393 ft

Mount Rushmore National Memorial is a granite sculpture located in South Dakota. The faces of four U.S. presidents are carved in the rock.

A R A
B V P D T N
C T G R P T Y U C
T H D U N A S M P D
R C P W S A K L I R I X
R A E F H D D L A T B K E
I A S D T M R E A P C H S E H
A U R C H I O D A Y L Q H L L S O
B W N P A Y O R U A I I U W I W S P I
H R O E I D N Y E O T L N D P S A X K E M
S R I U R K E R I T N N V O I R E T N E Y A
E T R X Y A D T I E I O D R X E A N L R K U K
D V N C H S K R R W M A R H R L T O I N I
S I E R R A N E V A D A C E U G A C B A N
L O N D I G R E A T S M O K Y N O K H L N
V A   I O K D P L H E G   P G Y N O I
      C H Y A   U C D A A
      G E   R T T

Adirondack   Pikes Peak
Appalachian Rainier
Borah   Rocky
Cascade   Rushmore
Great Smoky Sierra Nevada
Guadalupe
Mauna Loa

Mountains cover about 25% of the world's land surface.

Major U.S. Mountain Ranges

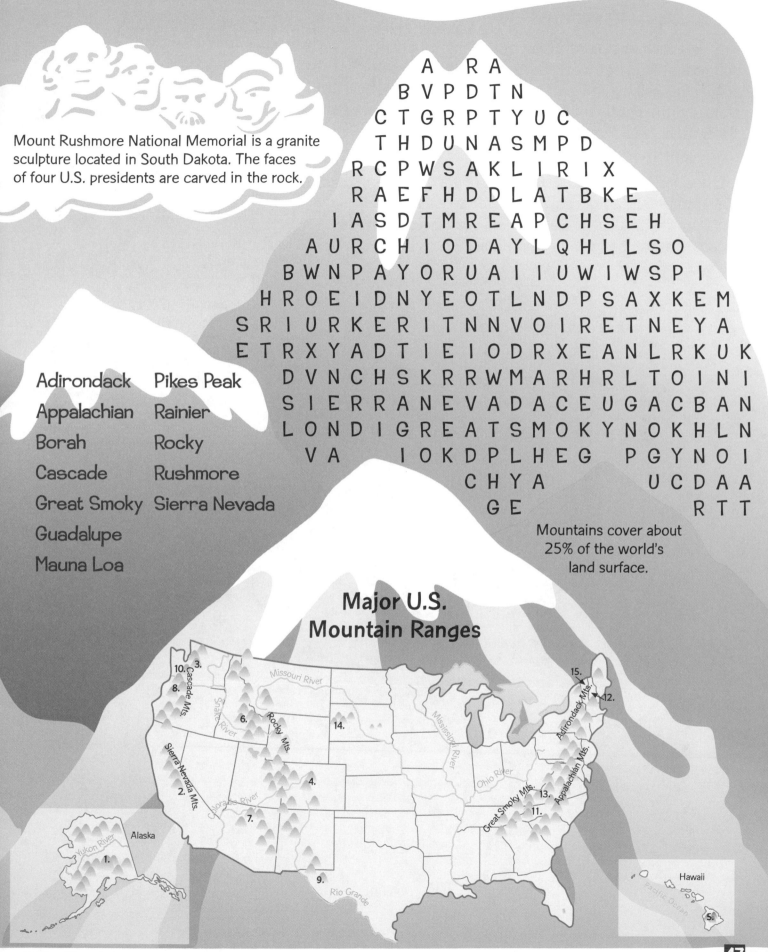

Oceans and Seas

There are five oceans that surround the continents. Three of the great world oceans are the Pacific, the Atlantic, and the Indian. These three oceans meet around the continent of Antarctica in the Southern Hemisphere to form the Antarctic Ocean. At the top of the earth is the Arctic Ocean.

The word **sea** can name any body of water, from a large lake to an ocean. Connected to each ocean are smaller bodies of water called seas, bays, and gulfs that are defined by land or islands.

Think about it!

Why are oceans and seas important to people?

Oceans cover over 70% of the earth and contain 97% of the world's water.

World Oceans

Arctic Ocean

Atlantic Ocean

Pacific Ocean

Pacific Ocean

Indian Ocean

Antarctic Ocean

The Dead Sea in the Middle East is so salty that animals cannot live in it. Most ocean water is about 3% salt. The Dead Sea contains almost 30% salt.

The Mariana's Trench in the Pacific Ocean is the deepest place known on earth. It has a maximum depth of almost 7 miles. Mt. Everest could fit inside of it.

```
        A T B E R N G
      L I B N O R T H Y T L A
      I L A R C T I C E K D R A C F O
    C E B R T N A T L A N T I C S I C H
    R H M E D I T E R R A N E A N F M P I N
    G Y G R R C I G A I I R W A D R I A T I C
    C A N I L H B E N E B T R I C Y H C N D B H
    E E N I T P A I B E B A L T I C I F I C O
      B G G H R N R H R D E T H N E F R T G
      K D A O T C I E I E Y A U D I I K N
      L W T F B D Y N L A T N I L C I K
      R M A N T A R C T I C B A P M T
      E B F C N T R I S G N N F A
      D   H C O C O C H I E O
          P I F O P A C F P
          A N R K N I A
          L B L A C K R
        C Y A T L S
        I C L F A
```

OCEANS

Antarctic

Arctic

Atlantic

Indian

Pacific

SEAS

Adriatic

Aegean

Baltic

Barents

Bering

Black

Caribbean

China

Coral

Mediterranean

North

Red

Tasman

SEE GLOSSARY • SEE GLOSSARY

Deserts

Deserts are regions that receive minimal rainfall. Deserts are also identified by the types of soil and vegetation that exist in an area. Most deserts are in warm climates, but the North Pole and South Pole can be considered deserts as well.

Deserts located in warm climates are very hot. Some of the animals that live there have adapted to the hot, dry conditions. They keep cool in the shade and can go for long periods of time without water. Their bodies are good at moving quickly over sand or burrowing into it.

Think about it!

How do people protect themselves in hot climates?

World Deserts

Great Basin
Karakum
Taklimakan
Mojave
Sonoran
Chihuahuan
Sahara
Gobi
Thar
Arabian
Sechura
Atacama
Patagonian
Namib
Kalahari
Australian Deserts

Deserts usually have very high daytime temperatures and very low nighttime temperatures due to low humidity.

An oasis is a place in the desert with enough water to support wells and springs.

50

The saguaro cactus can grow as tall as 50 feet. They grow in the southwestern United States and northwestern Mexico.

```
            G Y T A
          E V O I N A I B
        L L J B H W O J M S
        D P A I N T E D O T
        G Y S D E S R E J E
        B V A T A C A M A T H F
        G M B L Y H G Y T W A C
  S H     J H O I W N A M H K H M
I P A Z    I P V J K R I R V Y J B I
J T A R C  V A L W A U B L A D P M J
U A H M K W S K T C N L V U I L U K A B
I V L A U S T R A L I A N E N L Y I T I L
M S K M R W N I G T V H M S H E C M A H
P N W Y N T V G O H I A E I G Y J N D N
T A R A B I A N I L R T O B E A I O
N A T C P A I L Y I P A B V K S P
J K A R A K U M Y S G A P T
  H N                 T L E
  S W                 H S
  T                   Y
```

Arabian

Atacama

Australian

Death Valley

Gobi

Kalahari

Karakum

Mojave

Namib

Painted

Patagonian

Sahara

Thar

The mesquite tree's roots can reach about 200 feet deep to find water.

Camels are made for the desert. They can withstand heat, travel long distances, and go for days without water. Their hump is made of fat that can be used for energy. They can even clamp their nostrils and lips shut to keep out blowing sand.

Rivers

Rivers have always been important to people. Many major cities developed near rivers because rivers provided the chief form of transportation for trade, travel, and exploration. For centuries, farmers have found river valleys and plains to be especially fertile farmland.

Today, rivers also provide electric power for homes and industries. Dammed rivers store water for irrigation and turn turbines for electric generators. Think of all the ordinary activities that use water: drinking, cooking, bathing, flushing toilets, washing clothes and dishes, and watering lawns are a few. Much of this water comes from rivers.

Rivers have been important in marking boundaries and defending countries.

Think about it!

What forms of recreation take place on rivers?

World River Lengths (Miles)

River	Length
Nile (Africa)	4,160
Amazon (South America)	4,000
Yangtze (Asia)	3,964
Congo (Africa)	2,900
Lena (Asia)	2,734
Mississippi (North America)	2,340
Missouri (North America)	2,315
Volga (Eastern Europe)	2,290
Yukon (North America)	1,979
Rio Grande (North America)	1,900
Danube (Europe)	1,776

In 1900, engineers reversed the flow of the Chicago River. They hoped to stop Chicago's sewage from flowing into Lake Michigan.

Many types of fish and other wildlife depend on rivers for their unique habitats.

```
L H N S W Z I W O T I
C E Z V A L L E Y Y O
I N N P F U T N K P A
V K S S I R L A M I S S I S S I P P I C O L I
H O E M K O R M U L A M F Y P M Y K C T U N M
A D L N I N N I D T V S N N M I S S O U R I G
O A Y G T R I O G R A N D E N A Z O N I O L R
Y N N U A I U P T A E M P I H W Y E G D N E E
G U V K L V I T W A T U A P Z T G H O N Y C N
H B K N K E T R S R G I H Z T L I V B G H G C
C E C O L R D Z I R E V O Y O Y A N G T Z E S
T Y F B N B C H D T N Y I N A N H T U R I N T
```

Amazon	irrigation	Missouri	river	Yangtze
Congo	Lena	Nile	valley	Yukon
Danube	Mississippi	Rio Grande	Volga	

The Nile River is the world's longest river, but the Amazon River carries 200 times more water.

Natural Disasters

Natural disasters are sudden and extremely unfortunate events that affect many people. Meteorologists study weather and the earth to try to predict and understand natural disasters.

Different parts of the world are at risk for different types of natural disasters. In mountainous areas, **avalanches** are huge drifts of snow that rush downward. **Volcanoes** erupt hot gases and melted rock from miles below the earth's surface. **Tornadoes**, **hurricanes**, and **typhoons** are caused by tremendous winds. **Earthquakes** result from moving plates deep in the earth. **Tsunamis** are huge ocean waves caused by undersea earthquakes or volcanoes.

Use a word from the word search to label each type of natural disaster.

Other names for hurricanes include "typhoons" and "tropical cyclones".

avalanche
blizzard
earthquake
flood
hurricane
meteorologist
rock slide
tornado
tsunami
typhoon
volcano

SEE GLOSSARY · SEE GLOSSARY

```
E A L O   N O K   Y U   U A Q   M A
B Y R O H U R R I C A N E T Y A I S U N A I N
C L C Y O N D C S V T Z V A B L I Z Z A R D M T R C
T F E D O I G I L N W R L C D V S M K X F R C Y H Y
S D O A Y O S T M E T E O R O L O G I S T R N P K E
U N R F R A G C W N Y F R C Z I D L H U N F T H F C
G G T I A T D T P G P U Q V K M T G C O I N G O A G
B L O A R S H O Y H N H I C H S Y F I A U H Y O H N
I I R U I U I Q R O N U V Z I F L O O D N X F N I
L Z N B C N C R U R O L O G Z E T I R S T O L E K
K Z A K Q A V A L A N C H E K A K C D O R G O I T
L Y D L N M W N L O K H N A Q L R Y L E M K D L
Q M O U E I U R R W C E M L K U O N T
N U N T S N       S T   B L I
U O E O K
S   N I
```

Experts sometimes cause avalanches on purpose. They use explosives to send snow down a mountain. This prevents the snow from building up and causing a more dangerous avalanche.

Universe

The universe includes everything that exists anywhere in space and time. It consists of all matter, light, and other forms of energy. The universe includes Earth, everything on Earth and within it, all of the planets, and everything in the solar system.

Scientists do not know the size of the universe. Astronomers think that the universe is very large, perhaps infinite in volume. Astronomers cannot be sure because the universe is constantly evolving. There are different theories about the universe. One theory says that it is expanding. No one knows which theory, if any, is correct.

The Moon's near side always faces Earth and has been studied in detail. The Moon's far side always faces away from Earth. It was first photographed in 1959 by a Russian space probe.

The Milky Way Galaxy

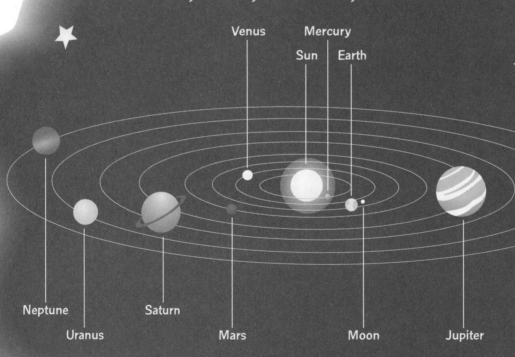

Venus Mercury
Sun Earth

Neptune Saturn
Uranus Mars Moon Jupiter

The Hoba West Meteorite is the largest known meteorite. It is estimated to weigh over 60 tons. It is still where it landed in Africa because it is so massive.

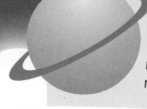

The planet Saturn is known for its bright rings, which are mostly made of ice.

astronomy

comet

galaxies

Jupiter

Mars

Mercury

Moon

planets

Saturn

stars

Sun

universe

Uranus

Venus

```
            J W X Y
        T E R B P V W A V T H
      M E V C W R E M U S Y N T C
      A R U S U N F U S A T U I D E S
    S R E S Q X S J E W Y R E R A V R V
    D A T W G T D M F T P V O S F A L X E F
    J X R Y N A E R E S U G N X A L N G R Y
  N Y A E H V G L N T J N C O M E T O U I T E
  M T P T L Y P X A N Y F I M X X F R N S U I
  P S L H N A O J U X R X T Y J N T K I S J T
  N O A S R E V O T K I N Y R A U E R V C K R
  M L N V X S J U P I T E R T C G P L E S X L
  T N E M E R S E L T S M S E V U H M R T A M
  Y T J E N H T U D N V O N E X A L S V U
  D S C S M U M E R C U R Y O M L N E I S
  R T Z B S S R T N X D V B O N C Y L
  Q A I T S T N V U D I O O X R T
  N R G E I J S A T U R N U M
    S S V U X L G S Y H C
        N T Q R S V
```

Help the shuttle find its way back to Earth.

Environments

Animals live all over the world, from frozen tundras to hot deserts. An animal's natural environment is called its **habitat**. Many animals migrate from one habitat to another. Other animals have adapted to their environment by developing special characteristics. For instance, heavy fur protects some animals from the cold.

Often, animals in similar habitats in different parts of the world have similar characteristics. For example, kangaroo rats in North America look like gerbils that live in the Sahara Desert.

Think about it!

How do you think early humans adapted to different environments?

In what type of habitat do you live? How have you adapted?

```
    L T A     R M A
  A B R S H A D I U S A   S
  C N A R A I N F O R E S T C
D D W M O H F N E D O K T C W H D
N S E O E E W S C V G R E U A E O
G Y T U O D T F A B R F E F M P U F
C G W L N G D R G C T D N D S Y J M G E
D E P F T R A L I H C S D E V T H S N L
C I F I A C O R A L R E E F W R E C B A P
N U O S I S J O R N B H S R U Y I R W M Y J
V D G N W U K S Y D X E E N T M U K A O P
P O L A R I C E S M P L R B I A P B E L M I
T F M M X A G H L D W H T L C M Y L C Y M P
G B A S N C S T N S F T Y N O S W A M P C N
  L N M A R S H L A N D O R F B N I T D I
    H L C U L I P L R P D N N D P R A
      G A T A       W
      T U N D R A R
      A G S D O U
      I H R T
      N C S A
      K A T W
      H W S
```

coral reef
desert
forest
grassland
marshland
mountain
polar ice
rainforest
scrubland
swamp
tundra
woodland

Some plants and animals live outside their natural environments in zoos, aquariums, and botanical gardens.

58

Garden Flowers

A flower is the blossom of a plant. Most plants have flowers. Although we admire blossoms for their beauty, the function of blossoms is to make seeds.

Garden flowers are simply cultivated wild flowers. Some kinds of garden flowers are exactly like the wild ones. Others have been bred so that their blooms are more attractive than those of the wild variety. Garden flowers can be divided into three main groups based on how long they live: annuals live a year or less, biennials live two years, and perennials live for several years.

```
E B F I M
B V I O L E T
A I C K B K A P
T M S R D S M H
Y A S A N I E S A S
H Z I N N I A R L W R N
H P B R P O P P Y P F I S
S Q E P H F E I D E H C G E
A U O D A O D K R D I A O V
N D N C D X D Y A D N H L Z
C A Y F L G A F G A I O D J
L O V O L L B F O E U L O L
E J S J B O M J N S M L X J P A
C D E M N V W E U U G Y R H A S
G O R C O E C E N C C H C S N T
V T R X G S I V R T G O W G S E
A R P E T U N I A C S P Y R
G C B A N E C D K C M X U
```

Annuals
cosmos
marigold
pansy
petunia
snapdragon
sunflower
zinnia

Perennials
aster
delphinium
peony
poppy
violet

Biennials
foxglove
hollyhock

Many insects rely on flowers to provide the food they need to survive.

Summer Season Fun

A season is one of the four periods of the year: spring, summer, autumn, and winter. The seasons change because the tilt of the earth's axis causes places on the earth to receive different amounts of sunlight. Each season lasts about three months and brings changes in temperature, weather, and sunlight.

Summer is the warmest season of the year. The Northern Hemisphere, the northern half of the earth, has summer weather during late June, July, August, and early September. During these months, warm weather encourages many of the activities that we identify with summer.

Think about it!

Think of things you can do with a group of friends during the summer season. Try to put on a play, go stargazing, or plant a garden.

```
          C R M O I N G
          O V M F Q A B L F T U W
    M B A S E B A L L I S R S V S N P Q
    Y A U O M I R L G S R N R O L R I S
    W R J R H K O H G H O I A L S K C A
    S B O C C I E A B I E V C L E Z N B
    R E W Z D N C T E N D A B E K O I Z
    H C C H C G D F M G O L F Y D T C
    E U E A I K O Z B N A S E B C H S
    D E O C R O Q U E T M D W A V P O
    H S J B M G J M O K N O Q L J J
    A U D E N C U S E U A M E L H I
    O S C F I R E W O R K S Q T B V
    X O G R G L K I C G T Y N X O
    T C S A X C A M P I N G B J S
    E C B V R N B M N K S R K Z
    N E C A H I K I N G C Y I
    N R F O B C C N C D
    I W B L C A L G
    S D S U O I X
    T E B J I S
```

barbecues
baseball
biking
boccie
camping
carnivals
croquet
fireworks
fishing
golf
hiking
picnics
soccer
swimming
tennis
volleyball

SEE GLOSSARY • SEE GLOSSARY

When it is summer in the Northern Hemisphere, it is winter in the Southern Hemisphere.

Hobbies

A hobby can be almost any kind of leisure activity that people do during their spare time. Most hobbies fall into one of four general categories, which are: the arts (painting, dance, music, etc.), collecting (sports cards, autographs, dolls, shells, etc.), handicrafts (cooking, photography, sewing, woodworking, etc.), and games and sports (skiing, tennis, chess, fishing, etc.).

In the past, hobbies were largely limited to the wealthy. The average person was too busy earning a living to find time to pursue a hobby. Today, people of almost any age and income level can enjoy hobbies for pleasure or relaxation.

Think about it!

What are a few of your favorite hobbies?

```
A W B J C A K O B Y M V K R Z L B V
W O F U A M F J I C O I N S O J P L
A K V M W P G I M H D K I E M L D E
T X Z L S Y D S A P U F T P C J I W
D X P C R T O X G A D R T V C P X R
R B B H S R A H G M U S I C S O Q H
U M Z A B H N M I O Q E N G C T E L
D O L L S A B Y P D O K G D T T N Y
H N D M C E G D W S K N R Z P E R A
O T F O N L B R S I V B E O C R A I
B L Z P Q U E A O K T V I X G Y K X
I E J B J L F W L J S I N G I N G J
Q U X E A N U I E L U G S R H I G U
G I A R M I Y N C N C R E A D I N G
X G B I K I N G N I T K C Y O S B V
A S Q A B P X O W X U E T O A T X
B R Y R B A N I F R S X V O
Z C O C E I Y N P H C I C
```

History of the Civil War

Mystery 123...

baseball
biking
coins
dolls
drawing
insects
knitting
music
pottery
reading
singing
stamps

US TC 24

Dance

Dance is among the oldest human art forms. Dance can express emotions or tell a story. Music usually accompanies dance, setting the rhythm, tempo, and mood for movement.

Some kinds of dances we watch, and some dances we participate in for pleasure. People dance for different reasons. For thousands of years, people danced for ceremonial, celebratory, and religious reasons. Dance also strengthens social connections, especially during courtship. Many people dance just for the fun of it. When a dance is performed before an audience, it becomes a form of drama.

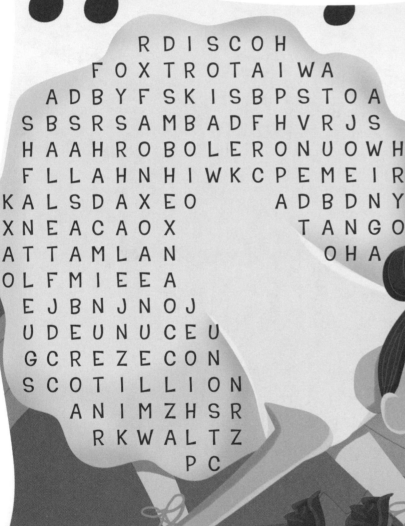

```
R D I S C O H
F O X T R O T A I W A
A D B Y F S K I S B P S T O A
S B S R S A M B A D F H V R J S
H A A H R O B O L E R O N U O W H
F L L A H N H I W K C P E M E I R
K A L S D A X E O     A D B D N Y
X N E A C A O X         T A N G O
A T T A M L A N           O H A
O L F M I E E A
E J B N J N O J
U D E U N U C E U
G C R E Z E C O N
S C O T I L L I O N
  A N I M Z H S R
  R K W A L T Z
      P C
```

ballet
bolero
cotillion
disco
flamenco
fox-trot
hip hop
minuet
rumba
salsa
samba
swing
tango
waltz

Boats

Boats have been used for thousands of years. Early boats were used for work and travel. Through the years, pleasure boats developed from these workboats.

Boats are usually smaller than ships and are generally used in inland lakes or protected coastal areas. Many boats use motors or sails for power. Other boats rely on paddle wheels, water jets, air fans, or human power.

Think about it!

Why do you think that rocks sink and boats float?

```
                    D
        I   R C
        A G   M G S
      S T   S A N R D A
      R R Z   R G R O P J X
    P S I E   O C G S W B I A T
    E O L C   N E A E B F C E U Y
    P K N O A   Z X J T O K A D G E
    D W A T O   D Z O Y A C H T B I
  L A U A Y O P   I G N D I T M C N O H
  V B E O Z A O   F E R R Y D O A O A O
  B J C J U N K N   J C H L C P Z S J R T J
  D E X N U V E U   A N U U W U L A E R A I
  S T C A N O E C T   G O N D O L A C M C P L N
  H Y D R O F O I L   G J P O X A J P T P V B F
  A D E P M I   A H O U S E B O A T A S T
                O S T E A M B O A T S N I
                V G O X R B K D C J
```

canoe   kayak

catamaran   pontoon

ferry   rowboat

gondola   sampan

houseboat   sloop

hydrofoil   steamboat

junk   tugboat

yacht

SEE GLOSSARY · SEE GLOSSARY

The Dover Museum in Britain has a wooden boat on display that is thought to be about 3,000 years old.

How Animals Protect Themselves

To avoid danger from enemies, animals have developed different ways to protect themselves. The best protection against a predator is to avoid being seen by it. To do this, some animals leave their homes mainly or only at night. Many animals camouflage themselves by blending in with their surroundings. Animals, such as the chameleon, even change color to blend with the background. Flight, either by running or flying, is another way to avoid danger. Some animals play dead. Other animals fight with sharp hooves, claws, or quills. Skunks use a foul-smelling odor, and some snakes use a poisonous venom.

Think about it!

Look at an animal that lives near your house. How does the animal protect itself?

```
Y F L I G H T J
Y A S M N P S X B H A C
R S R V P C L A W S I R F D
C H O R N S R A B I N D M N H
D A H N E I E Y F V E I O M R
K X S M E L L S I I A U N R V
K I Q D O D F A N G S X G D
S Z M A U W A G H T V V
P O I O F O D T W E C
E J M J L E I J N
E U I U A N E O
C D U C D G C M
I O X R B E W
P Y M P Y C
```

armor   hiding
camouflage   horns
claws   mimicry
fangs   playing dead
fighting   smells
flight   speed
               venom

SEE GLOSSARY

Dogs

Dogs have lived with people as pets for thousands of years. All breeds of domestic dogs, from the Great Dane to the Chihuahua, are descended from the wolf. Today, the American Kennel Club recognizes over 150 dog breeds, and there are even more throughout the world. With so many different breeds, dogs are more varied in their appearance and behavior than any other domestic animal.

Collie: kind & loyal

Dachshund: curious & mischievous

Wolf: dog ancestor

Chihuahua: intelligent & alert

Airedale
beagle
boxer
bulldog
Chihuahua
collie
dachshund
German Shepherd
greyhound
Labrador Retriever
pointer
poodle
Saint Bernard
schnauzer
Yorkshire Terrier

```
Y R A C M L A K Z C W
S P O O D L E A S P E S O F H
C C L R A A Y F B R E O T C L I
D W H M K F B H B R E Y H I W N L K
S E I W S B U U O E R L U A N O L I
G Y T H V H S L A X D A C H S H T N D E
E B L U G I K L H E O N I S Y J Q E E H
I O L A B R A D O R R E T R I E V E R D
U Z I H E E N O A R R E F W E A O U A F
T G U A T A G R E Y H O U N D D L M L
R Q A G E U A Y F T E D N A M A L B
A R L R Z S C H N A U Z E R E L L
M X E R E D D W I X L E R Y L O E
W S A I N T B E R N A R D W A G P
  G E R M A N S H E P H E R D
  R O D A C H S H U N D P
      P K R N P V E
```

Saint Bernard: Rescue Dog

very large, extremely gentle, patient & obedient

The greyhound is the fastest breed of dog. They can reach speeds of up to 45 miles per hour.

Hibernation and Dormancy

During the winter months, as temperatures drop and food becomes scarce, some animals hibernate or go into a state of dormancy in order to survive the harsh conditions. **Hibernation** is the resting state in which the animal's body temperature falls, breathing decreases, and body processes slow. One type of animal that hibernates is the chipmunk. Some other animals, such as bears, go into a resting state called dormancy during winter. **Dormancy** differs from hibernation in that the animal's body temperature does not drop significantly and the animal can awaken quickly if danger threatens.

```
D A J C I C O
W A B A T S M N D B
I S N L P Y A S A E S P M
B P W I R S R B E A R S R L
H R H I Z G R M H G R O Q I A H
E U M E A E H N E I E D U C D S
I L E M U R S L T C J D F I A Y W A
U N H N S D T P I H X O N R F B I S
S N A K E S U L A I A L X R O U F K
O A B L M K R V E P C W B E W G T L
U M A R M O T S J M O T K L J S S P
S Y N I E L N L U E U A S E R H R
C P C R E V M N C N C G
G E R S U V K P Y T
P A O T W S N
X J E R
```

bats
bears
chipmunks
frogs
ladybugs
lemurs
lizards
marmots
mice
nighthawks
snakes
squirrels
swifts
turtles

SEE GLOSSARY · SEE GLOSSARY

Bedtime Tales

A MIDWINTER NIGHT'S DREAM

Caves

Caves are naturally occurring underground chambers formed out of rocks. There are many different types of caves— some with hidden lakes and waterfalls formed by water trickling down through rocks, such as limestone. Some caves are no bigger than a closet, but others are huge.

Deep inside a cave, there is no light and no day or night. The temperature hardly changes with the seasons. Plants cannot grow deep within a cave because there is no light. Some animals enter caves for shelter or to hunt for prey. Other animals spend their entire lives in this environment.

Think about it!

Think of some ways that animals living in caves have adapted to the cold, dark environment of caves.

bats
bears
beetles
bobcats
centipedes
cockroaches
crickets
fish
foxes
owls
raccoons

rats
salamanders
snails
spiders
swallows
worms

SEE GLOSSARY · SEE GLOSSARY

```
A F I R
O W L S R D A I
B P X O A I B O C
S A S D A T M E A O A
K C S N A I L S A E S C S
B J E K R L S R R G T R K R
Z O R N F H A R O H G L O R I
P B A T S D M H N E I E W O C
L C C I S W A L L O W S D A
U A C P N D N A D G P I L C
A T O E X A D L T B F I S H
S O D E B E A R S Y I O E
N E R B R J X F O X E S
S S Q E S P I D E R S G
Y A R W O V P C N X C
C R I C K E T S T G
R O V K I P C E S
A W O R M S
```

Geology is a science that deals with the history of the earth and its life as recorded in rocks.

Machines

A machine is a device that makes work easier. Many machines have moving parts that push, pull, twist, squeeze, punch, stamp, or slice. No matter how complex they are, all machines are based on one or more simple machines. The six types of simple machines are lever, wheel and axle, pulley, inclined plane, wedge, and screw.

Industries use all kinds of machines. Businesses depend on computers and other office machines. Different kinds of machines, such as buses, cars, and airplanes, help people travel across long distances. Trucks, trains, and ships help deliver products.

Think about it!

Think about the ways machines make your life easier. What are some machines you use every day?

bicycle
crane
doorknob
drill
engine
inclined plane
lever
merry-go-round
plow
pulley
pump
robot
screw
wedge
wheel and axle
windmill

SEE GLOSSARY · SEE GLOSSARY

```
W
N E H A
I D A E M Z
S G B S E B S A R H
Q E D R Q L R G R O B O T Q R P R
P H O L R O A G R V B I P S O L H
U E O E H N E N E Y E C U E V O R
M I R V N D U O D R I L L B X W Y
P W K E D G D C T A M R L E P D A
Z A N R L A I P J I X E E C H C N
L U O X T E O N P S A L Y X F R O
E J B J A J M J E S C R E W J A J
U D E A N F I E U R G E R H I N U
M E R R Y G O R O U N D M T K E C
Q Z V P B S Y W I N D M I L L G R
    I N C L I N E D P L A N E S O
    X O B I C Y C L E F P W C
    M O X A K J
```

When two or more simple machines work together as one, they form a compound machine.

Headgear

People wear hats and headgear for several reasons. Hats may be worn for protection from the climate or from injury. People also wear hats that identify their occupation. Still other hats are worn for decoration or as an accessory. Hats vary widely in material and style, depending largely on the climate, people's customs, and the reason for wearing the hat.

Think about it!

What would make the perfect hat? Think of the size, shape, materials, and decorations you would use.

```
            T R C H V P
          T A M X C I C W B N A I
        D C P W A C A P Z G Y T K O V
      R S N Z Y A S A Z B H Q I H R S I
      X R O R S R B O W L E R H A T B R
      H T K H M R O H G R O L I N S O N A H
      E O E D E B N E I P E M C E X D Y R E
      I P D K D A R F O D B E R E T R D Y K
      D H W D C K D E D U I T R T D J K A O
      S A R J Z L A Z R W A B E C E H A N A
      O T U R B A N O B O C O W R O K F Q W
      J N Y R C B U C E I U H O O D J I U R
      U C O W B O Y H A T K T G W H I G B A
      C S W Y S N S T K I O E S N C T B C
      G R O Z R N B C L O C H E M L J G
      C K P X E C D G C F I C W C C
        T D H T Y J D X C C P E D
            V Q O I R G
```

beret
bonnet
bowler hat
cap
cloche
cowboy hat
crown
fez
helmet
hood
sombrero
top hat
turban

Communication

Communication means sharing information. People communicate mainly by speaking and writing. Facial expressions and body movements are nonverbal forms of communication. Most of our communication is personal, the exchange of information with one or a few people. Mass communication involves many people and uses different kinds of communications media, such as televisions, computers, newspapers, books, and magazines.

Language is the organized system of signals or symbols used to communicate. Use of languages began in prehistoric times, although scholars are unsure about exactly how it began. Paintings and drawings were some of the first steps in written language.

Think about it!

Think of a code of your own using numbers for the letters.

```
            B U O K O B C A V
    N A Q T I X A M B H V O M D X Q L
    E S Z S E I S A B D W D V D C M S
    W R M R S L R G I N T E R N E T R
    S X H A R O E G R O X I N S W N H
    P E C J I C E P J V E Q M U E U R
    A D L O Z L X O H D M I O D R D A
    P N I C M M D P H O N O G R A P H
    E S A Z B P E R Q B N E L P D A X
    R O X W O E U W E X O E O S I V O
    E J B J O J M T S T I Z X V O I T
    U D E A K U Y T E L E G R A P H U
    A C R W D A P O J R P U I V Z Y I
    O W P H O T O G R A P H Y J N M Q
    C D A T O C N T Y P E W R I T E R
```

book
CD
code
computer
DVD
Internet
mail
newspaper
phonograph
photography
radio
telegraph
telephone
typewriter

SEE GLOSSARY · SEE GLOSSARY

Founding Fathers

During the early 1700s, the country was a group of colonies governed by Great Britain. By mid-century, the colonists became angry with their lack of self-government and a series of unfair taxes and laws. In 1773, the colonists rebelled against the taxes on tea by boarding British ships and dumping tea into Boston Harbor in an act that became known as the Boston Tea Party.

The British reacted by passing several harsh measures that became known as the Intolerable Acts. This united opposition to British rule and led to the Continental Congress. Representatives from the colonies met to petition King George III.

When the petition had no effect, the representatives helped organize the government during the Revolutionary War. The Declaration of Independence was adopted in Philadelphia on July 4, 1776. The war lasted until 1783.

Think about it!

Pick one of the Founding Fathers to research. Go to the library to learn more about what made him an outstanding leader.

```
          L K J C
        T O X P J Q M X
        S J S Q P I C A
S R O P L S Y A S D R S X P G N S E N I S A S M S O P
R W E I N I X R M A R S H A L L W K A E D R Y C R A Y
H E A H K E V N H G W O B I N T P N E H J N H H T X O
E V M S D E H I W I S C K C U X S K R X E P R E Z R
D K H D H D A U N P Q F D A W U X K Y D F U Y N X M
V P A B Q I S N D G E R R Y R M B F D Q F D A R D A
V N A V T N M S J S A B E Z C H R L A E A N Y A Q
U C S I H E G P X J T O X I B W A T N R O E S I Y
O O J B J G Q T J R B O J M E C N J E S J N F P J
Y C D E R A W K O R P G N R H I K A X O R G Z I U
I K C M A D I S O N C R H A M I L T O N C T L X P C
Q T G R N A Q T U R T G O N P M I T H M O N R O E G
A S D M S M U P T Z A E A P A I N E S M R I M J I D
G M T S Y S I A S K S U R B I W X O U Y T O Q C S K
R W B E J T M Q W F P O V R A N D O L P H R C T N Y
```

Adams	Jay	McHenry
Franklin	Jefferson	Monroe
Gerry	Livingston	Paine
Hamilton	Madison	Randolph
Hancock	Marshall	Washington

Cities of the World

Thousands of years ago, some **Neolithic** villages developed into small cities of a few thousand people. As the human population grew, so did the size of cities. All settlements— from a small village to a giant city— needed four main features to begin and grow. These features were: advances in technology, tools, knowledge, and inventions, a favorable physical environment (livable climate and the availability of water and food), social organization (governments managing services for the people), and population growth with diversification of cultures.

Think about it!

Make a list of some cities you would like to visit someday. What interests you about those cities?

Cairo
Delhi
Jakarta
Kolkata
Los Angeles
Manila
Mexico City
Moscow
Mumbai
New York City
Osaka-Kobe-Kyoto
São Paulo
Seoul
Shanghai
Tokyo

Medicine

Medicine is the science and art of preserving health and treating illness. Medical care has three main elements: prevention, diagnosis, and treatment. In the last few centuries, medicine has progressed greatly. As medical knowledge expanded, physicians found it increasingly difficult to keep up with important advances in the whole field of medicine. Doctors began to spend their final years of training concentrating on a limited area of study. This narrow focus is called specialization.

Think about it!

The field of medicine has been around for thousands of years. What are some ways that treatments have changed over time?

anesthesiology
cardiology
dermatology
gynecology
neurology

obstetrics
oncology
ophthalmology
orthopedics
pathology

pediatrics
psychiatry
radiology
surgery
urology

```
O Q E T M V T X T O N C O L O G Y X W
A E U R D L O G Y P X T N O R R Y T D
N M R X Y T R T R H R Q R B T R P H E
E X R U P E D I A T R I C S H I D O R
S H A H W Q D G N H B X N T O N Z H M
T A D E H N E X M A W C E E P Z N E A
H Z I C A R D I O L O G Y T E Q E D T
E D O M Z T D W X M X R X R D E U U O
S T L P A T H O L O G Y X I I N R S L
I Q O T D E A M K L O K V C C V O U O
O J G J P J M J X O J B J S S S K L R G
L G Y T N U J E R G Y N E C O L O G Y
O D R U R O L O G Y W C U T X X G E W
G N R W Z R G W C T G X G T U G Y R G
Y X P S Y C H I A T R Y F R P R T Y B
I O P W R B T N V W P R O K R W X R
```

The suffix —**ology** means "the study of____."
Matched with prefixes "cardio" (heart) or "derma" (skin), it can mean the study of the heart or the study of the skin.

73

Fish

Fish are of great importance to human beings. They provide food for millions of people. They are caught by fishing enthusiasts for sport, and they are kept as pets.

All fish have two main features in common. First, they have a backbone, which makes them **vertebrates**. Second, they breathe mainly by means of gills.

Nearly all fish are **cold-blooded**, which means that they cannot regulate their body temperature. Their temperature changes based on the temperature of the water around them. Almost all fish have a streamlined body and fins that they use for swimming.

Think about it!

Although dolphins, porpoise, and whales look like fish and have fins and a backbone, they are mammals.

Do you remember the characteristics of mammals?

Swordfish

Butterflyfish

Tuna

Clownfish

Angelfish

```
      G R A U P E M A
    Q U V D I P M H E R R I N G
    S Z B A S W O R D F I S H B S C
    H X N R A S T R G Y M G N R U R L
    X H D P E R C H P R Q R A N T D S
    T U N A T H R E I E O O P K T C     W
    A T I R A P A O R B U P D E L D Y M S
      O D I N C N Z P E D R O Z C O D
      U L A G A U A E R N F W A M F C
      T U E E W O D R S W L N O N J P
      I J R L X I N A J I Y F J
      L I O N F I S H G E R F I G U
    P G C T I C N C A T F I S H C
      K B A S S G T B Q K S H G
        O H S A L M O N H S V
              M O N H
```

angelfish
barracuda
bass
butterflyfish
catfish
clownfish
cod
grouper
herring
lionfish
perch
salmon
snapper
swordfish
trout
tuna

SEE GLOSSARY

Mollusks

A mollusk is a soft-bodied animal that has no bones. Most mollusks have a hard shell that protects their soft bodies. Mollusks live in most parts of the world and are used mainly for food. The most popular kinds used as food in the United States are clams, oysters, and snails. Mollusks are also made into many useful products. The best known product is probably pearls, which are found in pearl oysters. Mollusks make up the largest group of water animals.

Think about it!

In what ways are mollusks different than other sea creatures? In what ways are they the same?

```
      X D K T D X
    Z L I M P E T O B Y
  L T V T P T M T P X T N O
  X M R C O W R I E Z R Q R V M
  R X N R C X V P T H C H I T O N
R F H L H T O D G N O O X N R T N C
U M P D C O M W P Y Z N C Z R H Z R
R W T K C P D X Q W X C T W X E D Y
H C Z S Q U I D W A Z H R X D R Z T
C T O Q P S T R T B T B Z X V O T N
O L N C T D Z V O A P O Q V T F V
  Z A B K S N A I L W J B J W P K
  G M T L U X Z O Y S T E R E
    C X E O N N C W C R T A
    R G W E P G X G T R
    Q K R F X Z T F R L
    B S C A L L O P K R
      T S H C X C H D
```

abalone

chiton

clam

cockle

conch

cowrie

limpet

mother-of-pearl

octopus

oyster

scallop

snail

squid

Food

Food is one of our most basic needs. All living things must have food to live. Almost all foods come from plants or animals. However, the chief foods that people eat differ widely throughout the world. Most cultures have a recognizable assortment of food preferences.

The supply of food is a major concern. Millions of people go hungry because of food shortages caused by crop failures, natural disasters, wars, and other causes. Food aid is used to help people suffering from a shortage of food.

Think about it!

What are some ethnic dishes that you would like to try? Think about the culture from where the food comes.

```
        X T R I C E G
      I X T O L Y U T W S T
    V T A T M Q A X T R P Y H Y P
    R S U S H I P Z Y Q R V O U P I
    X N R P X R T O R U P Y O R M G Z
    B E E F W A D U R O B X N R H M C Z
    M A Z I H N G X K A B O B S X U R A
    K U E K S T K X H W X D T W X L S Z D
    R H N D L H D C D W E A P A E L L A T U
    T D P T Q M L W H T N T B E X C X P N T
    X U X N I T D A V I R I T W V M B V R
    N C H E E S E J M B C L J I A W J K
    P K U G A Z O U H Q R K G E R H E
    M S T I R F R Y N U C E C Q V X
    C P N E G Z R G W A T G N G T
        X T Q O Q K R F X E T
        P W R B T N V R P
          B L A M B H
```

beef
cheese
chicken
duck curry
fish
hummus
kabobs
lamb
paella
rice pizza
spaghetti pork
stir-fry
sushi

Cooking

Cooking is the preparation of food for eating by applying heat. Cooking makes food easier to digest and more appetizing. Cooking also destroys harmful bacteria.

From prehistoric times until the 1800s, cooking was done mostly over open fires or wood stoves. Gas stoves became popular during the late 1800s, and electric stoves became popular in the 1930s. Microwave ovens were introduced in the 1950s. Today, cooking is much easier and faster than ever.

Think about it!

Think about how advances in cooking technology have changed the types of food that people eat.

```
T B Z B Q R F
X R G E R U A U O R
H W O D R I O O X K Y H Y
D E H N E I L E W I E E X E
P K C T D X L W B O I L X E D
S I M M E R D L X E X R A D R E
B Y W Q O L T R M R C B E X C X
P R E S S U R E C O O K W V O
I E J T J P J M J A L R B J
L U M E M N U W Q S U G E
J D A C X P O N T C
T M G Z R G
```

bake
boil
broil
fry

grill
pressure cook
roast
simmer
steam

Fruit Trees

People throughout the world eat fruits, nuts, and other tree products. The greatest variety of fruit trees grow in tropical and subtropical regions. These trees produce such fruits as avocados, grapefruits, mangoes, and oranges. Cooler, temperate regions have fewer kinds of fruit trees, but several kinds are widely grown. For example, orchards in the United States produce vast amounts of apples, cherries, and peaches.

Think about it!

What kind of fruit trees grow near your home?

```
V T Y A P J L E
A R X Y T V T R Z R Q G
C P P R M X O G F M U E R O M
F Z E P W O C H E R R Y A R H L
M Q O A L Q A X M E W C P E X E
O Y T K H R E D O L O D T E X E M
L N A P R I C O T X R X R F D R O
I T E L Q L W R T N A B E R C X N
V L N E P D E P Z X N P L U M B V
E A J M A N G O P X G E B I W J K
U L E F N U J D L E A E T H E
D I R X E M N U E C C F T
N R M Z R G W O T H X V
T P E Q K F I G
```

apple
apricot
avocado
cherry

fig
grapefruit
lemon
lime

mango
olive
orange
peach
pear
plum

The banana plant grows as tall as a tree, but it is not a tree because it does not have a trunk.

Songbirds

All birds have feathers, and birds are the only animals that have feathers. Birds hatch from eggs. Most birds remain in the nest where their parents feed and protect them until they can take care of themselves. Birds live in all parts of the world, from the polar regions to the tropics. They are found in deserts and on islands, in grasslands and forests, on farmlands and mountaintops, and in cities. There are over 9,000 different kinds of birds. Many birds have beautiful colors or sing sweet songs.

Think about it!

Why don't birds fall out of trees when they go to sleep? Hint: It has to do with their feet.

Oriole

Robin

Mockingbird

Cardinal

```
    J X
    V A R K
R L A R K M X Y T R
O M B O B O L I N K F
B U R F S C H W O D I W
I C H I C K A D E E N A
N D T K Q I C M Q X C R S
C A R D I N A L L D H B Z
W C T S G I A O R T L T S C
X R L N B O R I O L E P M W A
P E Q I J C E M J R L X Y A T
I N R T V S P A R R O W R L B G
D C N U T H A T C H Z T L I C R
          T Z O R G U
          W D X
```

bobolink
cardinal
catbird
chickadee

finch
lark
mockingbird
nuthatch
oriole

robin
sparrow
swallow
warbler
wren

SEE GLOSSARY · SEE GLOSSARY

Winter Wren

Some birds, such as mockingbirds, copy the songs of other birds. They also imitate other sounds they hear, such as barks, whistles, and rumbles.

79

Careers

Most people differ in what they want from a career. Some want a high income. Some hope for fame. Others want adventure. Still others want to serve people and make the world a better place.

As you begin to explore careers, you should determine your values, your interests, and your aptitudes. With the thousands of career possibilities to choose from, a person exploring career fields could become very confused. Experts have developed a variety of classification systems to help. Each system groups occupations that are similar in some way.

Think about it!

Make a list of some careers that interest you. Try to find out more about those careers.

accounting
advertising
business
dentistry
economics
electronics
fashion
law
medicine
publishing
recreation
retail
teaching
theater

```
              R Z F F
            A T M R Y X A R
          T P T M C P X E N U S U
        A C K O E N T I C G Q C V R H H
      I V R X N R A X A G F R O R M R M I I V
    S L D E N T I S T R Y C N O Z U N A E N N O
    R P Z U A P D Z H N Z X H Z W C N R I A R E N
  W W D T W T W E C O N O M I C S W T Z A T D Z G
  D E L E C T R O N I C S Q N R X D I Z C I X Q T
  A T B U S I N E S S T N T B G X C B N L I O C T R
  X O S N B T D Z V M E D I C I N E V G W N N V E
        O A D V E R T I S I N G R E T E I L T T
      Z R U C Z N H X G E V Z H Z A M H
        W P U B L I S H I N G I X I
        X G T H E A T E R A L
          F R O A G O X R
            K L A W R
              D K P
```

Mathematics

Mathematics, the science of numbers, is something we use every day. From telling time on a clock to counting out change after making a purchase, mathematics is everywhere. Mathematics has many branches. Arithmetic includes the study of whole numbers, fractions and decimals, and the operations of addition, subtraction, multiplication, and division. These are subjects we learn before being introduced to algebra, geometry, and more advanced kinds of mathematics. Each kind of operation in arithmetic has specific terms used to solve the problem.

Think about it!

What are some ways that you use math in everyday life?

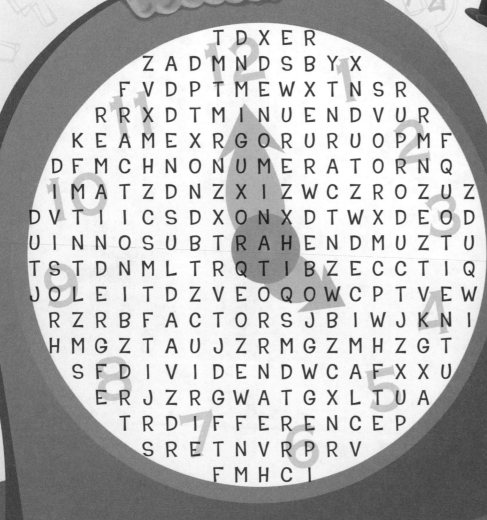

addends
decimal
denominator
difference
dividend
divisor
factors
fraction
minuend
numerator
product
quotient
remainder
sets
subtrahend
sum

81

Animal Farms

Farmers once grew a few different crops and kept some livestock. With today's technology, some farmers now focus on one specific aspect of farming. Farmers rear livestock for meat, milk, eggs, skins, wool, fertilizer, and labor. Dairy farming is the breeding of animals for their milk and milk products, such as cheese. Sheep farms raise sheep for their wool and milk. Ducks and chickens produce eggs. Cattle and pigs are farmed for meat. Some animals are raised for their fur, and some birds are raised for their feathers.

What are some ways that technology has changed the way farms are run?

```
P E A C O C K S R T R G D Q R V
Z H O R S E S X R G F O U E U T
U R F H T H W O D G N A C X E U
Z Q M P R Z H M Z X M T K C Z R
D T P T I C T U X C W S S T W K
C H I N C H I L L A S Z X R X E
T C G Q H O C E L T N H X Z X Y
X O S Z E A Z S A T R Z E Q V S
L Z M A S J P J M L X G E E S E
P X U N Z T N U A E R N G Z P H
C H I C K E N S S N U C W C Q T
```

cattle
chickens
chinchillas
deer
ducks
geese
goats
horses
llamas
mules
ostriches
peacocks
pigs
sheep
turkeys

SEE GLOSSARY · SEE GLOSSARY

Beneficial Insects

Insects do many things. Many fruits, vegetables, and flowers depend on pollination by insects. Pollination of plants by insects is worth billions of dollars to United States agriculture each year. Insects are also an important food source for birds, fish, frogs, lizards, skunks, and many other animals. Some plants, such as Venus flytraps, pitcher plants, and sundews, use insects as food. In some cultures, people eat insects. Insects also provide us with useful products, such as honey, beeswax, and silk. Many insects are predators that feed on harmful types of insects and help keep the landscape clean by feeding on animal wastes and dead animals.

Think about it!

Do insects bug you? Remind yourself that insects do plenty of good things, and name some of your favorite things that are made possible by insects— apples, honey, flowers, etc.

ants
bees
beetles
butterflies
caterpillars

flies
ladybugs
mantises
moths

parasites
spiders
wasps
worms

Entomology (en-toh-mol-uh-jee) is the study of insects. An **entomologist** is a person who studies insects.

Pollution

Human beings have always caused some environmental pollution. Since prehistoric times, people have created waste. Long ago, waste was mainly food scraps and other substances that broke down easily by natural decaying processes. The waste was either burned, thrown into waterways, buried, or dumped above ground. At the time, populations were so small that the result was of little concern. The growth of pollution increased as the population and the amount of manufactured goods used increased.

There are many kinds of pollution that harm our planet in a wide variety of ways. Since all the parts of the environment are connected with one another, a pollutant that chiefly damages one natural system may also harm others. For this reason, it is important to help minimize pollution.

acid rain
acids
chemicals
exhaust
fertilizers
landfills
lead
litter
mercury
metals
oils
pesticides
sewage
smog
smoke

```
W A O W D H P
O A M E R C U R Y G A N
E F C X P C T S M R T C A F
P I H S S D T U S L P I Q E
E Z E I E S R E U W X D R R
S H M H W R O X G R O R I T
T M I D A H N H I E Q A Q I E
I A C Q G Z C A X M R I A L V J T
C Q A O E D B U L J I N R I I D K A
I T L X C L A S A K A B E Z C T A E
D L S Z G M E T A L S O W E M J T O H
E E J M N J X M L B M J D R J P J E I
S M O G R O U B Q W O G E S H N M U R
C P X E C U I C C N K C K C A C I D S
D W Y R A O K L G L E A D P N O R S G
    S Q X S S L A N D F I L L S S
    R B J K S           H N K X
```

Environmentalism is a movement dedicated to the preservation and restoration of the natural environment— especially by reducing pollution.

Endangered Animals

There are three main classifications for animal species that are in danger of becoming extinct: endangered, threatened, and rare. Endangered animals face the greatest threat of extinction and need human intervention to survive. Destruction of habitats is one of the main threats to animals. Pollution, trade in animal products, over hunting, and the growing human population also contribute to their endangerment.

People are now taking steps to protect animals by banning hunting, restricting land development, and setting up wildlife preserves and national parks. Animals are also being bred in captivity. Some of these animals are then released back into the wild.

apes
bears
dolphins
elephants
gorillas

leopards
monkeys
pandas
penguins
rhinoceros
tigers
turtles
whales

```
H T I G E R S W D
A R N R I G U R Y S O C F
R W H A L E S O K T C L H D A
E O B E J E M V G R E U P E Q E
T U E D Z F O B R F Q K H K U T
L N A D R G N P E N G U I N S U
F T R A L I K C A D E V N H S R
I A S O E L E O P A R D S E M T
Q A S J O R Y M H S D U A I R L
G P A N D A S D Q N E S B M U E
E I C E S M P G O R I L L A S
S A R H I N O C E R O S Q L
C E L E P H A N T S D W
D S W X O R K V F
```

The Endangered Species Act of 1973 was passed to protect species and their ecosystems.

Music

Music is one of the oldest arts. Many ancient cultures used music in court and religious ceremonies. Today, as then, music plays an important role in society. People use music in ceremonies, for work, and in personal and social activities. Over time, many different musical styles have developed to suit different purposes and preferences.

Think about it!

What are some of your favorite kinds of music? What do you like about those styles?

```
        D R W T
      R Z T M C K X S
    J L T V R E G G A E
    Q X A R X A T R T B Z
    V R X Z R G X R K O R E
  U R F H L Z T O D G P Z B X N R H
  Z U M P D Z I N Z X E T H N I C X Z R
  D K E A K C M D X O R X D T W H Z D Y D
  R H O R C H E S T R A Z X R X A R Z T U E
  X C F T Q M L T R O N T B Z X M W T N T U
      I T D Z V C R P O Q V B L U E S Y
      B J F O L K X L J B M E J K M I A
      Z T N U J Z E L E C T R O N I C
      R J X O A N U C A O U N X X C R
      R O R E L I G I O U S T U G N
      T R A S K R F D A N C E P S
      W P B Z N V R P T V K F
      M C T M H C X R H D
        U K M X L Y
```

blues
chamber
country
dance
electronic
ethnic
folk
jazz
opera
orchestra
ragtime
rap
reggae
religious
rock

Baseball

Professional baseball began in the United States in the mid-1800s. Some people believe that modern baseball developed from an old English game called Rounders. Today, baseball is a popular sport in the United States and around the world. Many people follow the World Series, which is the championship series of Major League Baseball, who otherwise are not regular followers of the game. Some of baseball's outstanding players are elected to the National Baseball Hall of Fame.

Think about it!

Why do you think baseball is known as America's National Pastime?

```
S N D O P X
T M K M I C O B B G
K O R A A K M A I G S O J
S E U B Y A S A V R I P K I N
T R T L W S R V G R X R Q T A Q R
R H Z C H R O H G R O B I N S O N H
E U M U X E H N C I P O I C B U P G R E
A T A Q F D A X T O Q Y I A Q P W D Y W
U H N I G C Z O N I U N T R L X P I A I
L G T Q E A L W J X Q O B E N C H A N A
V K L P O H C E O I K V M W X Q U P Z Y
B E J B I Z I M B E F H R T Z A A N
Z U D E A N B U E U I G E R H I G U
R H R K C L C R N C B C V P Y C
I G R S G W P X G T O I B Z G
A X S I W G I J E S P I
O R B A N K S G K S
Z B O U
```

Aaron
Banks
Bench
Berra
Carew
Clemente
Cobb
Dean
DiMaggio
Gerhig
Mantle
Mays
Ripkin
Robinson
Ruth
Ryan

The National Baseball Hall of Fame is located in Cooperstown, New York.

Answer Key

Page 1

1. 5
2. 7
3. 2
4. 2

```
      Y W Y C K G
    P B R H R D A F L G
    T P A R A K E E T C O H
  W N I U V B S T Y D L C M
G L E S F H J B L P E D A E
U G U I N E A P I G V F N F
P H B V S A L B G T N I A P
P M A C A W K C S H M S R H
Y V F M O N K E Y C T H Y I
K W P B S L O V E B I R D J
  A T U R T L E D N Z J N L
  V M P L C E B W O T P M
    S Y M H O R S E G L
    H W N K V F J B
        A E
```

Page 2

```
              D K A S
            C G J B G L N U
          X M F W S X I C T Y S
        D L B K I J O F R S D C D
      W E G Y N S F H L A M V A
    P F C L V B A T V D F S T T
    M G K S Q E U B G P L F B U J
    U D M D O L P H I N R E W C
    S Y D R O C X I H M S X H Y
    J W A L R U S J T A K T M J O
    P J W R B S K M O N K E Y X R A K I
    X F L A K C E B N H T R L I H S P Y L
    R M S D O G L I V S K U N K M E E O
    Y A N S V F J D M G O A T H S C N
    H C L N              O D J
    P C U                R E P
    Y Q O Y              U E B
    R T O                H R
    A S G N              Y P W
```

Page 3

A. monkey
B. raccoon
C. dolphin
D. elephant

E. giraffe
F. bat
G. walrus
H. deer

Page 4

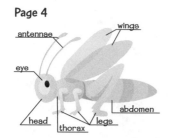

antennae · wings · eye · head · thorax · legs · abdomen

Page 5

```
          B C A M
        B F T M V I F I Y B
      B C U Y L G O U C Q C J H Y
      F D R C J G Y D S W A S P D B N
      L O N I V L R T E B Q T D I F U F T
      P E Y M C B H A E H V S U Y A S T J B
      G A N T K X K S D T E R F I F Y T T N M
      S B J H F E V F S T Y F G H Y T H E J K B
      T L C K M T Y N H X R B I L G K O R V D E
      V H D C O C K R O A C H U F D U J F N Y E
      N I S R T T G K P W F V H G J G K L F A K T
      W G H N H I F W P L Y C K M L A T Y P R H E
      P M B D I B U I E T J S M M A M D M I B U
      F C E B L S D R A G O N F L Y N Y W K C
      I Y T E R M I T E D E F E O U F G T I
      P B J T X T H P F V S T H T P L H Y
      M N S L H O D I L B I F B H J Y
      O Y D E L K A T Y D I D R
        S T F H R I F S K
```

Page 6

```
              A T B G C W K
          I G U A N A V G X U B H I C V
        V E V S F H S W C O E U L C S W R T C
      D I L T A I K D K D N A S C H L D N O S A H
      E M D E K L E S N I E F G I R K I F T A H E S
      F A L S A L A M A N D E R F J B O E R Y K J H
      G Q K I G I W H G K H G M O G T R S T O G E K
      H R T H Z G D E Y H G E K T G Y O T K E G X
        A U R J A N G R K W M V K B X I A B T Y
      N S A J C T R J C R O C O D I L E J D U S J I
      K W K T F G O K D Y P L D S T U H O K W R K H B
      B L F A M L R Y A Q F L H E O N L M L E T L F J T
      M T O R T O I S E J K Y N L W M E S F M L A M M R
      S U Y A B U J K            N M O T W N G E N F D
      O O Q O W A                I R H T H K I O H
```

Page 7

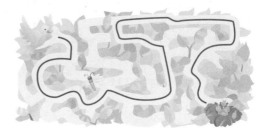

1. green tree frog
2. frilled lizard
3. tuatara
4. tailed frog
5. eft
6. rattlesnake

Page 8

```
      H A
      V E
      B K R M P
      L I M O E R
      U N W J N
      E G S H G
      L J F T Q U J M
      H A I S U I H O
    W P Y S C V N I
    N U T H A T C H B
    V W O S E A G U L L
    P H O L D R J W K P
    C D G O M D T B X K M
    D R O A D R U N N E R
    W O O B F P F C O I B
    K C P N B H P E I K L K
    S J F A M I Y V C K G
    J R T A N R N P I K C R E K D I
Q S G          D J O S T R I C H D W T E H D U O S
W U D L S D Q C Y S P A R R O W N A T I C R F V B L N T
  A H U M M I N G B I R D I S M Z N L N Y R B U H U O
C V I H S N D T P G O L D F I N C H A J A Q O W L I
W P E L I C A N          C K        F J M E L I J
```

Page 9

Page 10

```
                        D A T S G T A
                      U Q L R F K E L P H
                      W J S H R I M P A J K I
                      V F H H O N J M B W K D O
A                     E S V K A N C S M P E B O
F C                   F H H L C K L A T E Q E F L
D A R A B G D S E A H O R S E J O A D T P
O M H A S Q U I D R H R M Q P U K P F J H
B T Y B I V H J K S A I L F I S H U A I
J B A R N A C L E P L A N K T O N J S N
C G K J K S O G M E Q S T A R F I S H V
L O H A              S T L T E Q H O N Q U I
S M D                S E A A N E M O N E
T
```

Answer Key

Page 11

Page 12

D
B
A
C

Page 13

```
  T W
  O L R          H M O T
  H Y E C A P Y B A R A
  E M A R M O S E T N A R
  T L L G O U Y U R D N S Y
  V A E F O P R L T R G I J
  G O J P P A R R O T I U E W
  H N K S I H U I H U L T R L
  T O U C A N R A C L N L A I K
  F S C O R P I O N J L O N S
  K R L C X M I C G T F A I B
  E L E O P A R D P O K L R
  H V B T A M A R I N M M
  N J R Y H C U S C U S
  G A      G R
```

Page 14

```
                    S A
                  B R V W
          A Z Q K M A Y F L Y C T J C
          D O F U B J N O M D B H T D T Z
          A E E S E T H C H E E T A H B W E A
          Q F H X F T H T K Q N F S M W F N C T L
          G U A O G Z R G B K U T R E L G Q P S T
          P V H M W A H I S R E T Z L S T H L R H
          I D T B O L N X C I R K T E H Y D A J O I
          H J P N U G Q E K J H O Q Y O I N Z T P J G
          L V K I S A H U R T B K G T N K C W Y K H L
          J P A R R O T L M M V K L I X B L C P J L N
          L W M V T A M A G T O I B U R M S K U N K
          N B R O P N H R K L N D N Y A T H S N C
          U W S F O H H K A N G K O D W F T F O
          T D O L P W A L V C F E P R S F P J
          T K Q E U J U P O I H Y Q K T E
          K X R A T Y R B M R P L R
          I F H H S R H S T O
          F T A
```

Page 15

1. parrot
2. cheetah
3. quetzal
4. ostrich
5. piranha
6. flea
7. howler monkey
8. chameleon
9. platypus

Page 16

```
                        T B O H
                        C C O I C
          R T Y R A N N O S A U R U S N D
          S Y U E E A J E X T I N C T R J E K
          X F A T H P O Y F P F O S S I L G S
          F Q R T P X F Y T R I C E R A T O P S
          M V L O S A F R W S I A T L O T J X T I
          P A L E O N T O L O G Y L P S L R Q N
          B R A C H I O S A U R U S E T Y U
          D E V U A B R S H J Y I N C T K O
          L S T E G O S A U R U S B I      R
          G A L L O S A U R U S M
          N I U Y O E N R H Y R
          H A D R O S A U R W
                  V S O N
                  J R
```

Page 17

```
          P T C S Y
          L B U B L H K
          G H O S M I E L C
          N O I J A H P Y A N
          E S G E N F P S F T C
          M R H V D T E N N I S
          C H B C A G R R G D E
          O S U T L Z S H S V C
          Z T I S O G Y N X
          W T E J B G H O D
          T O V E A K S W F
          A N O B L C L S J
          P K M D L T A H
          T S K N G E W O O
          B H N T W T N H E
          M O C C A S I N S
          E O F Q L K Q
          S M T S J D
          G R S C
```

Page 18

```
          T N A   V A M T       D T N
          A R R E M   N T L Q J   B A S Y
          B P W O S C X C I T E H K D S T L O
          D G O E A V O C A D O F E B F P I F M D
          K B R V P R E H B G V J R K E A K B J H
          F O M X C B P J Y B L O F A S J R E G E Y K
          S X V I S A C E H A X C N B R N A F E X E M
          Y T D C R K F U L R G H A K I P W G C H Z Y T
          L A I E I N T C L H E I G D V O I U A T U K P
          D K M L T G M U F I J N T G R T N S F R C A J
          S H P E A M K M V U F C D Y D A N R J C C S M
          O I N R F B L B T G D L T I L T D C H O H Z L
          X C M Y E C J E M U P S O H X O B I M R I U H
          X A R N W R T B W G N F G S N N A N
          O R C I G N O B E A N K I H I O
          P R D H Y I J W R M N
          W V O H I M P B Z H
          L S H T R K V
          X M O
```

Page 19

```
          N W A I C
          M C D N J H B
          S K E H M L E S O
          D O C S L X W R P Y N
          E L S W A O T R F V I
          S I G T P B N Y K G O
          R V D T R M I V N R J T
          E O N I A C H L H T H U
          B I R C G W A T P W K I T V P G I
          M P O I J B O J L P L C G O K M O L H P G
          D A T E R C E F G U K E N V R Q F L I E N B
          W Y P N T L P N R H I M L M J B A N A N A C Y
          L M A H G Y I M U R T E M U O R T N R K C D I
          I G Y C W O N K F J Y U N B P N H W G U H K N
          M U A Y X R E W T G I P R G R A P E F E H O I
          E G P K U T A P L R A S P B E R R Y H N L D
          E A P P L E P X H O V B T O V P F G M I
          Y R G R T R P G R A P E F R U I T I
          W C H B L U E B E R R Y W A T O G
          E T J E Z W K A J F T V H
          R E T S A F R U
```

Page 20

```
                    T A
          Y P V C C N B
          P P I E D P I P E R V
          G U T D T S F K N I S L U D
          R I S T H E L E S T D N K W H E
          A S F D R E T R P S E O D H L
          B I K G R E T J R G L R C I G
          H N R F A P E D O P S H E C L
          I B V T B I S L B U X A W L H I
          O P D B N U G I J Y N H Y L I P
          O K E I G L A N T C S I K M A O
          T J L T B Y X H S T E N K G W V
          S B M T E H F O V M L R P O B M
          L T G A R G O Y U A E N L H S N
          H E S U I P D X B N A P D T R S
          W P T K P A V N D W C I P L T
          Q W Y T M C N T G O J L G I
          R O H X R B R D R Z C O R S
          C S I T G S F E A S C T
          S N O W W H I T E R K
          X B R V T N U E M I S
          L N V J L
```

Answer Key

Page 21

1. Pinocchio
2. Robin Hood
3. Cinderella
4. Snow White
5. Three Little Pigs
6. Peter Rabbit
7. Hansel and Gretel
8. Goldilocks
9. Peter Pan
10. Sleeping Beauty
11. Pied Piper
12. Puss in Boots

Page 22

```
        G A T M A U S P
  M R B U W Z S T B N G B O K
    I W C A N D E R S E N C W Y D
      T I L H B N T D W M R I K R
      Y N K E T I D N Y L M B L S E
        B U J S N O A F Y A E M D N F
      D K O L E H W K B G M O N E G K
        L L W A U M V O J E L H H R H
        K O C B H S I R S L U N M O D
        J B A L K B S T J M B C T K O B
        M E T E Y E N T C A E I N S K I
        V L K A B L W L I N D G R E N L
        E O Y O M H P N U S T D E I O R
        A N L G N T S K O N V N F H S N
          X O K A O T H W R I Y T G F T I
          P V T E C W E P H K S R Y N S R
          S Y N G A I D Y M I L N E M O X
          R W P O T T E R R T F U G R
          G E A H N S G I R S E
          H N T E P U H
          E S R U H Y
          N P M
```

Page 23

1. Potter
2. Twain
3. Sendak
4. Seuss
5. Andersen
6. Lobel
7. Lindgren
8. Milne
9. Keats
10. White
11. Wilder
12. Bemelmans

Pages 24–25

String: cello, guitar, harp, violin

Wind and Brass: bugle, clarinet, flute, oboe, saxophone, trombone, trumpet, tuba

Percussion: cymbals, drum, gong, triangle

Keyboard and Electronic: organ, piano, synthesizer

```
        H L S T C T N A I K
      M J B V I O L I N L C S B
      N O C E L L O A G K C D Y I U C
      F U S V I D K M R N R H O N M Z K
      C E A F A P J T R I G W E L T S B I P
      F P G O N G X L F H N T A Y S H T Z A F T
      T O S P H C G O N T E V H N T E G U G L K
      F R H Y U S I B P G T R T W H S R J Y U S
      O R G U I T A R O U H H U C I P I A N O T C E
      J H B N M R G S B T W O J B A D Z F U D E F J
      T H A X N P F U O T R E N U A T E H C M S K V
      L R U W E T E F A I D E I D R U M B L C
      C Y P O H T R V Q T A B M O T      T M
      O T            W O S N E N C S N
              P M O B U G L E Z
              R B C L P L Y N
              T O F S T E
              D R N Y I
              S U G E S
              W Y P T
```

Page 26

```
          B A A
      T Y P E W R I T E R
    X L J S C M U K O P F L
    D R A H C T P D S H R B O N C
    E T W S C E O E Y I N I T E I O
    K G R B E T L J S A F K N C L M T T
    Y T A I R P L A N E M N T S E Y T E
    T O H D P K O O H O B D E I W C J O L A
    A R D I G U N P O W D E R N S T X N E Y
    W P A O B T W H J T G O N G G R K G G T
    D T S C F N Y A F R H M J P L I J I R L
    E R M O T I O N P I C T U R E C N N A
    G M J I O M E F U P O Y E H L M E P
    X H N V X R A Y O T T J S G I A I H
    R B P O F K T H P C T S H G X R
    A Y L T E L E P H O N E H P
    C O M P U T E R H Y T
    W G T P S R T
```

Page 27

D photography 1826

B airplane 1903

E compact disc 1982

A printing press about 1440

F television 1920s

C telephone 1876

Page 28

```
            J L I X O
          T W V E A J A C K S
      H B C S R B Y N D Z V R C
    W N Z O P D Z R A F P S Z H T S
    I E S O F S E Z E L O K X D R E C
    P V F H K T R A M P O L I N E I J F H
    E A U D T U A D G M I K G O H T C A R G
    J H R Z A Y O T K Y L D O L O H Y F D T A
    F G O Z W P H E O N C T B Y N C B T B I
    Z C K L S N J B M Y H R V F L G J O G
    P U P P E T A H O J D E G H E B      P
    H F T H W E R T S A T O S L T N
    T C R A Y O N M D B R R L S M O
    T B S F C O U Z Z O A N D V Z N
    Z O A O G Y P O B L O C K O W T N
    P Z L T O X Y P L Y          R P V
    D P Q L M G H O N          Z L E
        E T
```

Page 29

```
            Y H J A T
        T B A S K E T B A L L
    G W G C R T S B O V I C G
    H S S N O W B O A R D I N G D
    S L Q K A R L E C T T E N N I S
    F K U P R G U F C H M V O F K T L
    P R I A B C W H S E G O N J O P B T
    H O N S T H B O B R S U K T O N O E
    H V L H W E T O G Y M N A S T I C S
    O O I O B R B S W N H T Y O B J C B
    C L N L V Y H O J L Q A K L A K I P
    K L E Q U N Z L A C I I F C L L E
    E E S S R G V T K R M N Q B L
    Y Y K F N M E W O O D B G U
    T O B A S E B A L L Q Y I T E L
    P S A T P H W I O P U V K N C P
    Y B L I G R K N Q L E G I Q G
    R L N C J U D O S T R N G
    S G M      N G O P T G
```

Page 30

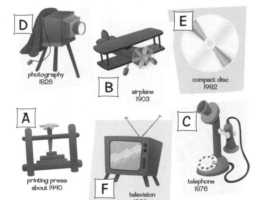

```
                                        S
    Y  D P I                      S A T Y
    O R A H X H E I G                R Y
    D S L O D E T R O I T D O P    O D    S N D
    S I A E A C N L S O L H A J C S    C    A X Y
    P F A S N H N H T M A X V I L A K    S H    A N J F
    G H I N I F G T I G G N N G G L G  M L    Q J A
    S U I N X W R H O C H H E S A N A N T O N I O C
    T H P L D A L A B N A I W Y P I L S I S O N S R
    J S O I A I G H N E X G Y O L S V T O A V J E N
    A N U T D A J A C K S O N V I L L E N L I C D
    N C F S D E N D E I T R I R L G S T G K H L
    J D M T Y L A O T S K J S A N D I E G O M
    O N N O L P P Y K C V B N J W K L J N
    O X N O H O X R O N A T O C E T L
        D I L M C D P N L S S R C
        E T A I X F  Y I        S P
                      R S          N
                      S            I
```

Page 31

```
                      B
              L      A K
              O      U
              I A  L O
    H B      U V H I Y        Y J
    V G L U A  G M A U I    B T D G
        A C M N W V A L L E Y S
        V O L C A N O E S I
        A A P T N V I U
        G Y O K T R E H
        H I L I S L A N D S W L
        F M S N D M G U I R C M
        N K Y O D I N P P A X N K S
    U I H O V U L E I S A I A P O
    X A O P P L N V N U P P G O H P
    T U N F Y A L T E M B L A L I O
    V M O B A N A N A S A R N Y C L
    A S L E Y M X S P I U I S N A Y G
    L Y U U E L T K P O N T W E N S M
    U R L G I S H U L A U S M S Y N
    F U V A V W A E R O V L I O I
    L C O S R E I S B R Y Y A N W
    P E A R L H A R B O R N S
    E N R P T N S N Y S
```

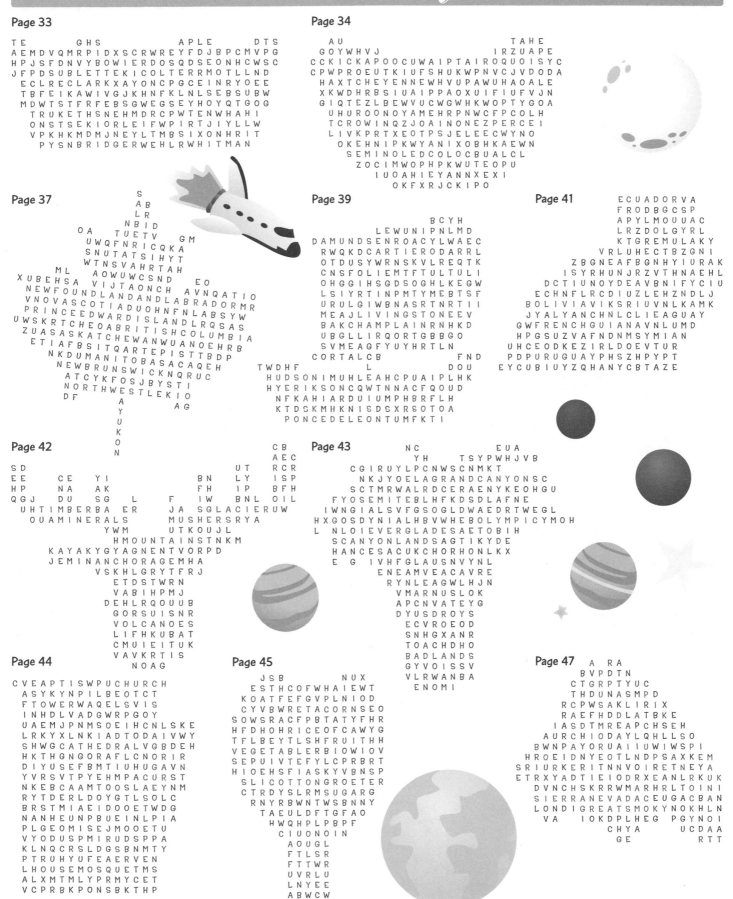

Page 33

```
TE      GHS           APLE      DTS
AEMDVQMRPIDXSCRWREYFDJBPCMVPG
HPJSFDNVYBOWIERDOSQDSEONHCWSC
JFPDSUBLETTEKICOLTERRMOTLLND
ECLRECLARKXAYONCPGCEINRYOEE
TBFEIKAWIVGJKHNFKLNLSEBSUBW
MDWTSTFRFEBSGWEGSEYHOYQTGOG
TRUKETHSNEHMDRCPWTENWHAHI
ONSTSEKIORLEIFWPIRTJIYLLW
VPKHKMDMJNEYLTMBSIXONHRIT
  PYSNBRIDGERWEHLRWHITMAN
```

Page 34

```
  AU                  TAHE
GOYWHVJ            IRZUAPE
CCKICKAPOOCUWAIPTAIROQUOISYC
CPWPROEUTKIUFSHUKWPNVCJVDODA
HAXTCHEYENNEWHVUPAWUHAOALE
XKWDHRBSIUAIPPAOXUIFIUFVJN
GIQTEZLBEWVUCWGWHKWOPTYGOA
UHUROONOYAMEHRPNWCFPCOLH
TCROWINQZJOAINONEZPERCEI
LIVKPRTXEOTPSJELEECWYNO
OKEHNIPKWYANIXOBHKAEWN
SEMINOLEDCOLOCBUALCL
ZOCIMWOPHPKWUTEOPU
IUOAHIEYANNXEXI
OKFXRJCKIPO
```

Page 37

```
                    S
                  A B
                  L  R
                 N B I D
            O A   T U E T V      G M
            U W Q F N R I C Q K A
            S N U T A T S I H Y T
            W T N S V A H R T A H
        M L  A O W U W C S N D      E O
X U B E H S A  V I J T A O N C H   A V N Q A T I O
N E W F O U N D L A N D A N D L A B R A D O R M R
V N O V A S C O T I A D U O H F N L A B S Y W
P R I N C E E D W A R D I S L A N D L R Q S A S
U W S K R T C H E O A B R I T I S H C O L U M B I A
Z U A S A S K A T C H E W A N W U A N O E H R B
E T I A F B S I T Q A R T E P I S T T B D P
N K D U M A N I T O B A S A C A Q E H
N E W B R U N S W I C K N Q R U C
    A T C Y K F O S J B Y S T I
    N O R T H W E S T L E K I O
    D F                 A
                        Y
                        U
                        K
                        O
                        N
```

Page 39

```
                  B C Y H
            L E W U N I P N L M D
D A M U N D S E N R O A C Y L W A E C
R W Q K D C A R T I E R O D A R R L
O T D U S Y W R N S K V L R E Q T K
C N S F O L I E M T F T U L T U L I
O H G G I H S G D S O G H L K E G W
L S I Y R T I N P M T Y M E B T S F
U R U L G I W B N A S R T N R T I I
M E A J L I V I N G S T O N E E V
B A K C H A M P L A I N H U N D E O
U B G L L I R Q O R T G B B G O
S V M E A G F Y U Y H R T L N
C O R T A L C B          F N D
T W D H F      L      D O U
H U D S O N I M U H L E A H C P U A I P L H K
H Y E R I K S O N C Q W T N N A C F Q O U D
N F K A H I A R D U I U M P H B R F L H
K T D S K M H K N I S D S X R S O T O A
P O N C E D E L E O N T U M F K T I
```

Page 41

```
              E C U A D O R V A
              F R O D B G C S P
              A P Y L M O U U A C
              L R Z D O L G Y R L
              K T G R E M U L A K Y
            V R L U H E C T B Z G N I
        Z B G N E A F B G N H Y I U R A K
        I S Y R H U N J R Z V T H N A E H L
        D C T I U N O Y D E A V B N I F Y C I U
        E C H N F L R C D I U Z L E H Z N D L J
        B O L I V I A V I K S R I U V N L K A M K
        J Y A L Y A N C H N L C L I E A G U A Y
        G W F R E N C H G U I A N A V N L U M D
        H P G S U Z V A F N D N M S Y M I A N
        U H C E O D K E Z I R L D O E V T U R
        P D P U R U G U A Y P H S Z H P Y P T
        E Y C U B I U Y Z Q H A N Y C B T A Z E
```

Page 42

```
                                    C B
                                  A E C
                              U T  R C R
S D                           L Y  I S P
E E    C E    Y I           B N   I P  B F H
H P    N A    A K           F H   I P  O I L
Q G J    D U    S G    L    F   I W  B N L O I L
  U H T I M B E R B A   E R    J A  S G L A C I E R U W
    O U A M I N E R A L S      M U S H E R S R Y A
        Y W M      U T K O U J L
        H M O U N T A I N S T N K M
    K A Y A K Y G Y A G N E N T V O R P D
    J E M I N A N C H O R A G E M H A
        V S K H L G R Y T F R J
        E T D S T W R N
        V A B I H P M J
        D E H L R Q O U U B
        G O R S U I S N R
        V O L C A N O E S
        L I F H K U B A T
        C M U I E I T U K
        V A V K R T I S
        N O A G
```

Page 43

```
              N C              E U A
              Y H      T S Y P W H J V B
        C G I R U Y L P C N W S C N M K T
        N K J Y O E L A G R A N D C A N Y O N S C
        S C T M R W A L R D C E R A E N Y K E O H G U
        F Y O S E M I T E B L H F K D S D L A F N E
        I W N G I A L S V F G S O G L D W A E D R T W E G L
        H X G O S D Y N I A L H B V W H E B O L Y M P I C Y M O H
        L  N L O I E V E R G L A D E S A E T O B I H
        S C A N Y O N L A N D S A G T I K Y D E
        H A N C E S A C U K C H O R H O N L K X
        E G  I V H F G L A U S N V Y N L
          E N E A M V E A C A V R E
          R Y N L E A G W L H J N
          V M A R N U S L O K
          A P C N V A T E Y G
          D Y U S D R O Y S
          E C V R O E O D
          S N H G X A N R
          T O A C H D H O
          B A D L A N D S
          G Y V O I S S V
          V L R W A N B A
          E N O M I
```

Page 44

```
C V E A P T I S W P U C H U R C H
A S Y K Y N P I L B E O T C T
F T O W E R W A Q E L S V I S
I N H D L V A D G W R P G O Y
U A E M J P N M S O E I H C N L S K E
L R K Y X L N K I A D T O D A I V W Y
S H W G C A T H E D R A L V G B D E H
H K T H G N G O R A F L C N O R I R
D I Y U S E F B M T I U H U G A V N
Y V R S V T P Y E H M P A C U R S T
N K E B C A A M T O O S L A E Y N M
R Y T D E R L D O Y G T L S O L C
B R S T M I A E I D O O E T W D G
N A N H E U N P B U E I N L P I A
P L G E O M I S E J M O O E T U
V Y O D U S P M I R U D S P P A
K L N Q C R S L D G S B N M T Y
P T R U H Y U F E A E R V E N
L H O U S E M O S Q U E T M S
A L X M T M L Y P R M Y C E T
V C P R B K P O N S B K T H P
```

Page 45

```
J S B          N U X
E S T H C O F W H A I E W T
K O A T F E F G V P L N I O D
C Y V B W R E T A C O R N S E O
S O W S R A C F P B T A T Y F H R
H F D H O H R I C E O F C A W Y G
T F L B E Y T L S H F R U I T H H
V E G E T A B L E R B I O W I O V
S E P U I V T E F Y L C P R B R T
H I O E H S F I A S K Y V B N S P
S L I C O T T O N G R O E T E R
C T R D Y S L R M S U G A R G
R N Y R B W N T W S B N N Y
T A E U L D F T G F A O
H W Q H P L P B P F
C I U O N O I N
A O U G L
F T L S R
F T T W R
U V R L U
L N Y E E
A B W C W
```

Page 47

```
          A  R A
          B V P D T N
          C T G R P T Y U C
          T H D U N A S M P D
          R C P W S A K L I R I X
          R A E F H D D L A T B K E
          I A S D T M R E A P C H S E H
          A U R C H I O D A Y L Q H L L S O
          B W N P A Y O R U A I I U W I W S P I
H R O E I D N Y E O T L N D P S A X K E M
S R I U R K E R I T N N V O I R E T N E Y A
E T R X Y A D T I E I O D R X E A N L R K U K
D V N C H S K R R W M A R H R L T O I N I
S I E R R A N E V A D A C E U G A C B A N
L O N D I G R E A T S M O K Y N O K H L N
V A  I O K D P L H E G  P G Y N O I
          C H Y A          U C D A A
          G E                R T T
```

Answer Key

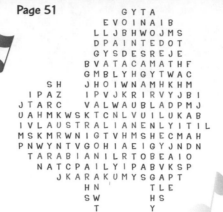

Page 49
```
A T B E R N G
L I B N O R T H Y T L A
I L A R C T I C E K D R A C F O
C E B R T N A T L A N T I C S I C H
R H M E D I T E R R A N E A N F M P I N
G Y G R R C I G A I I R W A D R I A T I C
C A N I L H B E N E B T R I C Y H C N D B H
E E N I T P A I B E B A L T I C I F I C O
B G G H R N R H R D E T H N E F R T G
K D A O T C I E I E Y A U D I I K N
L W T F B D Y N L A T N I L C I K
R M A N T A R C T I C B A P M T
E B F C N T R I S G N N F A
D   H C O C O C H I E O
          P I F O P A C F P
          A N R K N I A
          L B L A C K R
          C Y A T L S
          I C L F A
```

Page 51
```
              G Y T A
            E V O I N A I B
          L L J B H W O J M S
          D P A I N T E D O T
          G Y S D E S R E J E
        B V A T A C A M A T H F
        G M B L Y H G Y T W A C
    S H      J H O I W N A M H K H M
  I P A Z      I P V J K R I R V Y J B I
  J T A R C      V A L W A U B L A D P M J
  U A H M K W S K T C N L V U I L U K A B
  I V L A U S T R A L I A N E N L Y I T I L
  M S K M R W N I G T V H M S H E C M A H
  P N W Y N T V G O H I A E I G Y J N D N
  T A R A B I A N I L R T O B E A I O
  N A T C P A I L Y I P A B V K S P
  J K A R A K U M Y S G A P T
  H N                T L E
  S W                H Y
  T                  Y
```

Page 53
```
L H N S W Z I W O T I
C E Z V A L L E Y Y O
I N N P F U T N K P A
V K S S I R L A M I S S I S S I P P I C O L I
H O E M K O R M U L A M F Y P M Y K C T U N M
A D L N I N N I D T V S N N M I S S O U R I G
O A Y G T R I O G R A N D E N A Z O N I O L R
Y N N U A I U P T A E M P I H W Y E G D N E E
G U V K L V I T W A T U A P Z T G H O N Y C N
H B K N K E T R S R G I H Z T L I V B G H G C
C E C O L R D Z I R E V O Y O Y A N G T Z E S
T Y F B N B C H D T N Y I N A N H T U R I N T
```

Page 54

Clockwise from top:
tornado, tsunami, flood, earthquake

Page 55

Clockwise from top:
volcano, blizzard, rock slide
```
E A L O    N O K   Y U    U A Q    M A
B Y R O H U R R I C A N E T Y A I S U N A I N
C L C Y O N D C S V T Z V A B L I Z Z A R D M T R C
T F E D O I G I L N W R L C D V S M K X F R C Y H Y
S D O A Y O S T M E T E O R O L O G I S T R N P K E
U N R F R A G C W N Y F R C Z I D L H U N F T H F C
G G T I A T D T P G P U Q V K M T G C O I N G O A G
B L O A R S H O Y H N H I C H S Y F I A U H Y O H N
I I R U I U I Q R O N U V Z I F L O O D N X F N I
L Z N B C N C R U R O L O G Z E T I R S T O L E K
K Z A K Q A V A L A N C H E K A K C D O R G O I T
L Y D L N M W N L O K H N A Q L R Y L E M K D L
Q M O U E I U R R W C E M L K U O N T
N U N T S              S T   B L I
U O E O K
S   N I
```

Page 57
```
                  J W X Y
            T E R B P V W A V T H
          M E V C W R E M U S Y N T C
        A R U S U N F U S A T U I D E S
        S R E S Q X S J E W Y R E R A V R V
        D A T W G T D M F T P V O S F A L X E F
        J X R Y N A E R E S U G N X A L N G R Y
        N Y A E H V G L N T J N C O M E T O U I T E
        M T P T L Y P X A N Y F I M X X F R N S U I
        P S L H N A O J U X R X T Y J N T K I S J T
        N O A S R E V O T K I N Y R A U E R V C K R
        M L N V X S J U P I T E R T C G P L E S X L
        T N E M E R S E L T S M S E V U H M R T A M
        Y T J E N H T U D N V O N E X A L S V U
        D S C S M U M E R C U R Y O M L N E I S
          R T Z B S S R T N X D V B O N C Y L
          Q A I T S T N V U D I O O X R T
            N R G E I J S A T U R N U M
              S S V U X L G S Y H C
                N T Q R S V
```

Page 58
```
            L T A    R M A
        A B R S H A D I U S A   S
        C N A R A I N F O R E S T C
        D D W M O H F N E D O K T C W H D
      N S E O E E W S C V G R E U A E O
      G Y T U O D T F A B R F E F M P U F
      C G W L N G D R G C T D N D S Y J M G E
      D E P F T R A L I H C S D E V T H S N L
      C I F I A C O R A L R E E F W R E C B A P
      N U O S I S J O R N B H S R U Y I R W M Y J
      V D G N W U K S C V H R B P E K H M U K A O P
      P O L A R I C E S M P L R B I A P B E L M I
      T F M M X A G H L D W H T L C M W L C Y M P
      G B A S N C S T N S F T Y N O S W A M P C N
        L N M A R S H L A N D O R F B N I T D I
          H L C U L I P L R P D N N D P R A
                  G A T A    W
                  T U N D R A R
                  A G S D O U
                  I H R T
                  N C S A
                  K A T W
                  H W S
```

Page 59
```
            E B F I M
          B V I O L E T
        A I C K B K A P
        T M S R D S M H
        Y A S A N I E S A S
      H Z I N N I A R L W R N
      H P B R P O P P Y P F I S
      S Q E P H F E I D E H C G E
      A U O D A O D K R D I A O V
      N D N C D X D Y A D N H L Z
      C A Y F L G A F G A I O D J
      L O V O L L B F O E U L O L
      E J S J B O M J N S M L X J P A
      C D E M N V W E U U G Y R H A S
      G O R C O E C E N C C H C S N T
      V T R X G S I V R T G O W G S E
        A R P E T U N I A C S P Y R
          G C B A N E C D K C M X U
```

Page 60
```
                  C R M O I N G
            O V M F Q A B L F T U W
      M B A S E B A L L I S R S V S N P Q
      Y A U O M I R L G S R N R O L R I S
      W R J R H K O H G H O I A L S K C A
      S B O C C I E A B I E V C L E Z N B
      R E W Z D N C T E N D A B E K O I Z
      H C C H C G D F M G O L F Y D T C
      E U E A I K O Z B N A S E B C H S
      D E O C R O Q U E T M D W A V P O
      H S J B M G J M O K N O Q L J J
      A U D E N C U S E U A M E L H I
      O S C F I R E W O R K S Q T B V
      X O G R G L K I C G T Y N X O
      T C S A X C A M P I N G B J S
      E C B V R N B M N K S R K Z
      N E C A H I K I N G C Y I
      N R F O B C C N C D
      I W B L C A L G
      S D S U O I X
        T E B J I S
```

Page 61
```
A W B J C A K O B Y M V K R Z L B V
W O F U A M F J I C O I N S O J P L
A K V M W P G I M H D K I E M L D E
T X Z L S Y D S A P U F T P C J I W
D X P C R T O X G A D R T V C Z X H
R B B H S R A H G M U S I C S O Q H
U M Z A B H N M I O Q E N G C T E L
D O L L S A B Y P D O K G D T T N Y
H N D M C E G D W S K N R Z P E R A
O T F O N L B R S I V B E O C R A I
B L Z P Q U E A O K T V I X G Y K X
I E J B J L F W L J S I N G I N G J
Q U X E A N U I E L U G S R H I G U
G I A R M I Y N C N C R E A D I N G
Z G B I K I N G N I T K C Y O S B V
A S Q A B P X O W X U E T O A T X
  B R Y R B A N I F R S X V O
  Z C O C E I Y N P H C I C
```

Page 62
```
      R D I S C O H
      F O X T R O T A I W A
    A D B Y F S K I S B P S T O A
    S B S R S A M B A D F H V R J S
    H A A H R O B O L E R O N U U O W H
    F L L A H N H I W K C P E M E I R
    K A L S D A X E O      A D B D N Y
    X N E A C A O X        T A N G O
    A T T A M L A N        O H A
    O L F M I E E A
    E J B N J N O J
    U D E U N U C E U
    G C R E Z E C O N
    S C O T I L L I O N
    A N I M Z H S R
      R K W A L T Z
        P C
```

Page 63
```
                D
              I   R C
            A G   M G S
          S T   S A N R D A
          R R Z   R G R O P J X
        P S I E   O C G S W B I A T
    E O L C    N E A E B F C E U Y
    P K N O A    Z X J T O K A D G E
    D W A T O    D Z O Y A C H T B I
    L A U A Y O P    I G N D I T M C N O H
    V B E O Z A O    F E R R Y D O A O A O
    B J C J U N K N    J C H L C P Z S J R T J
    D E X N U V E U    A N U U W U L A E R A I
    S T C A N O E C T    G O N D O L A C M C P L N
    H Y D R O F O I L    G J P O X A J P T P V B F
    A D E P M I    A H O U S E B O A T A S T
                  S T E A M B O A T S N I
                  O V G O X R B K D C J
```

Answer Key

Page 64

```
Y F L I G H T J
Y A S M N P S X B H A C
R S R V P C L A W S I R F D
C H O R N S R A B I N D M N H
D A H N E I E Y F V E I O M R
K X S M E L L S I I A U N R V
K I Q D O D F A N G S X G D
S Z M A U W A G H T V V
P O I O F O D T W E C
E J M J L E I J N
E U I U A N E O
C D U C D G C M
I O X R B E W
P Y M P Y C
```

Page 65

```
Y R A C M L A K Z C W
S P O O D L E A S P E S O F H
C C L R A A I F B R E O T C L I
D W H M K F B H B R E Y H I W N L K
S E I W S B U U O E R L U A N O L I
G Y T H V H S L A X D A C H S H T N D E
E B L U G I K L H E O N I S Y J Q E E H
I O L A B R A D O R R E T R I E V E R D
U Z I H E E N O A R R E F W E A O U A F
T G U A T A G R E Y H O U N D D L M L
R Q A G E U A Y F T E D N A M A L B
A R L R Z S C H N A U Z E R E L L
M X E R E D D W I X L E R Y L O E
W S A I N T B E R N A R D W A G P
G E R M A N S H E P H E R D
R O D A C H S H U N D P
P K R N P V E
```

Page 66

```
D A J C I C O
W A B A T S M N D B
I S N L P Y A S A E S P M
B P W I R S R B E A R S R L
H R H I Z G R M H G R O Q I A H
E U M E A E H N E I E D U C D S
I L E M U R S L T C J D F I A Y W A
U N H N S D T P I H X O N R F B I S
S N A K E S U L A I A L X R O U F K
O A B L M K R V E P C W B E W G T L
U M A R M O T S J M O T K L J S S P
S Y N I E L N L U E U A S E R H R
C P C R E W M N C N C G
G E R S U V K P Y T
P A O T W S N
X J E R
```

Page 67

```
A F I R
O W L S R D A I
B P X O A I B O C
S A S D A T M E A O A
K C S N A I L S A E S C S
B J E K R L S R R G T R K R
Z O R N F H A R O H G L O R I
P B A T S D M H N E I E W O C
L C C I S W A L L O W S D A
U A C P N D N A D G P I L C
A T O E X A D L T B F I S H
S O D E B E A R S Y I O E
N E R B R J X F O X E S
S S Q E S P I D E R S G
Y A R W O V P C N X C
C R I C K E T S T G
R O V K I P C E S
A W O R M S
```

Page 68

```
W
N E H A
I D A E M Z
S G B S E B S A R H
Q E D R Q L R G R O B O T Q R P R
P H O L R O A G R V B I P S O L H
U E O E H N E N E Y E C U E V O R
M I R V N D U O D R I L L B X W Y
P W K E D G D C T A M R L E P D A
Z A N R L A I P J I X E E C H C N
L U O X T E O N P S A L Y X F R O
E J B J A J M J E S C R E W J A J
U D E A N F I E U R G E R H I N U
M E R R Y G O R O U N D M T K E C
Q Z V P B S Y W I N D M I L L G R
I N C L I N E D P L A N E S O
X O B I C Y C L E F P W C
M O X A K J
```

Page 69

```
T R C H V P
T A M X C I C W B N A I
D C P W A C A P Z G Y T K O V
R S N Z Y A S A Z B H Q I H R S I
X R O R S R B O W L E R H A T B R
H T K H M R O H G R O L I N S O N A H
E O E D E B N E I P E M C E X D Y R E
I P D K D A R F O D B E R E T R D Y K
D H W D C K D E D U I T R T D J K A O
S A R J Z L A Z R W A B E C E H A N A
O T U R B A N O B O C O W R O K F Q W
J N Y R C B U C E I U H O O D J I U R
U C O W B O Y H A T K T G W H I G B A
C S W Y S N S T K I O E S N C T B C
G R O Z R N B C L O C H E M L J G
C K P X E C D G C F I C W C C
T D H T Y J D X C C P E D
V Q O I R G
```

Page 70

```
B U O K O B C A V
N A Q T I X A M B H V O M D X Q L
E S Z S E I S A B D W D V D C M S
W R M R S L R G I N T E R N E T R
S X H A R O E G R O X I N S W N H
P E C J I C E P J V E Q M U E U R
A D L O Z L X O H D M I O D R D A
P N I C M N D P H O N O G R A P H
E S A Z B P E R Q B N E L P D A X
R O X W O E U W E X O E O S I V O
E J B J O J M T S T I Z X V O I T
U D E A K U Y T E L E G R A P H U
A C R W D A P O J R P U I V Z Y I
O W P H O T O G R A P H Y J N M Q
C D A T O C N T Y P E W R I T E R
```

Page 71

```
                    L K J C
                T O X P J Q M X
                S J S Q P I C A
S R O P L S Y A S D R S X P G N S E N I S A S M S O P
R W E I N I X R M A R S H A L L W K A E D R Y C R A Y
H E A H K E V N H G W O B I N T P N E H J N H H T X O
E V M S D E H I W I S C K C U X S K R X E P R E Z R
D K H D H D A U N P Q F D A W U X K Y D F U Y N X M
V P A B Q I S N D G E R R Y R M B F D Q F D A R D A
V N A V T N M S J S A B E Z C H R L A E A N Y A Q
U C S I H E G P X J T O X I B W A T N R O E S I Y
O O J B J G Q T J R B O J M E C N J E S J N F P J
Y C D E R A W K O R P G N R H I K A X O R G Z I U
I K C M A D I S O N C R H A M I L T O N C T L X P C
Q T G R N A Q T U R T G O N P M I T H M O N R O E G
A S D M S M U P T Z A E A P A I N E S M R I M J I D
G M T S Y S I A S K S U R B I W X O U Y T O Q C S K
R W B E J T M Q W F P O V R A N D O L P H R C T N Y
```

Page 72

```
                    H O S W E L N
T F Q O                C A I R O O E
K T S L W A M J S E O U L I D S W
O M S H A N G H A I K I R C H A Y
L R O G N I R O H G Y O M S N N O
K T M S A O P A U L O E E R P G R
A O A S C V A X F O Z D X T W E K P
T K U P N O E D D E L H I D L L C X
A Y V O X J W Q R S I A C X W E I U
W O S A K A K O B E K Y O T O S T I
        M J C A U X C A J C Y R
        A M U M B A I E R G I A
        N J A K A R T A
        I S W E G T Y G
        L K X M O
        A V A N I
        O T M Z C
```

Page 73

```
O Q E T M V T X T O N C O L O G Y X W
A E U R D L O G Y P X T N O R R Y T D
N M R X Y T R T R H R Q R B T R P H E
E X R U P E D I A T R I C S H I D O R
S H A H W Q D G N H B X N T O N Z H M
T A D E H N E X M A W C E E P Z N E A
H Z I C A R D I O L O G Y T E Q E D T
E D O M Z T D W X M X R X R D E U U O
S T L P A T H O L O G Y X I I N R S L
I Q O T D E A M K L O K V C C V O U O
O J G J P J M J X O J B J S S K L R G
L G Y T N U J E R G Y N E C O L O G Y
O D R U R O L O G Y W C U T X X G E W
G N R W Z R G W C T G X G T U G Y R G
Y X P S Y C H I A T R Y F R P R T Y B
I O P W R B T N V W P R O K R W X R
```

Page 74

```
G R A U P E M A
Q U V D I P M H E R R I N G
S Z B A S W O R D F I S H B S C
H X N R A S T R G Y M G N R U R L
X H D P E R C H P R Q R A N T D S
T U N A T H R E I E O O P K T C      W
A T I R A P A O R B U P D E L D Y M S
    O D I N C N Z P E D R O Z C O D
    U L A G A U A E R N F W A M F C
    T U E E W O D R S W L N O N J P
    I J R L X I N A J I Y F J
    L I O N F I S H G E R F I G U
    P G C T I C N C A T F I S H C
    K B A S S G T B Q K S H G
    O H S A L M O N H S V
    M O N H
```

Page 75

```
X D K T D X
Z L I M P E T O B Y
L T V T P T M T P X T N O
X M R C O W R I E Z R Q R V M
R X N R C X V P T H C H I T O N
R F H L H T O D G N O O X N R T N C
U M P D C O M W P Y Z N C Z R H Z R
R W T K C P D X Q W X C T W X E D Y
H C Z S Q U I D W A Z H R X D R Z T
C T O Q P S T R T B T B Z X V O T N
O L N C T D Z V O A P O Q V T F V
Z A B K S N A I L W J B J W P K
G M T L U X Z O Y S T E R E
C X E O N N C W C R T A
R G W E P G X G T R
Q K R F X Z T F R L
B S C A L L O P K R
T S H C X C H D
```

Answer Key

Page 76
```
        X T R I C E G
      I X T O L Y U T W S T
  V T A T M Q A X T R P Y H Y P
  R S U S H I P Z Y Q R V O U P I
  X N R P X R T O R U P Y O R M G Z
  B E E F W A D U R O B X N R H M C Z
  M A Z I H N G X K A B O B S X U R A
  K U E K S T K X H W X D T W X L S Z D
  R H N D L H D C D W E A P A E L L A T U
  T D P T Q M L W H T N T B E X C X P N T
  X U X N I T D A V I R I T W V M B V R
  N C H E E S E J M B C L J I A W J K
  P K U G A Z O U H Q R K G E R H E
  M S T I R F R Y N U C E C Q V X
  C P N E G Z R G W A T G N G T
      X T Q O Q K R F X E T
      P W R B T N V R P
      B L A M B H
```

Page 77
```
        T B Z B Q R F
        X R G E R U A U O R
    H W O D R I O O X K Y H Y
  D E H N E I L E W I E E X E
  P K C T D X L W B O I L X E D
  S I M M E R D L X E X R A D R E
  B Y W Q O L T R M R C B E X C X
  P R E S S U R E C O O K W V O
  I E J T J P J M J A L R B J
  L U M E M N U W Q S U G E
  J D A C X P O N T C
  T M G Z R G
```

Page 78
```
      V T Y A P J L E
    A R X Y T V T R Z R Q G
  C P P R M X O G F M U E R O M
  F Z E P W O C H E R R Y A R H L
  M Q O A L Q A X M E W C P E X E
  O Y T K H R E D O L O D T E X E M
  L N A P R I C O T X R X R F D R O
  I T E L Q L W R T N A B E R C X N
  V L N E P D E P Z X N P L U M B V
  E A J M A N G O P Y G E B I W J K
  U L E F N U J D L E A E T H E
  D I R X E M N U E C C F T
  N R M Z R G W O T H X V
  T P E Q K F I G
```

Page 79
```
      J X
      V A R K
  R L A R K M X Y T R
  O M B O B O L I N K F
  B U R F S C H W O D I W
  I C H I C K A D E E N A
  N D T K Q I C M Q X C R S
  C A R D I N A L L D H B Z
    W C T S G I A O R T L T S C
    X R L N B O R I O L E P M W A
      P E Q I J C E M J R L X Y A T
      I N R T V S P A R R O W R L B G
        D C N U T H A T C H Z T L I C R
            T Z O R G U
            W D X
```

Page 80
```
                R Z F F
            A T M R Y X A R
          T P T M C P X E N U S U
        A C K O E N T I C G Q C V R H H
    I V R X N R A X A G F R O R M R M I I V
    S L D E N T I S T R Y C N O Z U N A E N N O
    R P Z U A P D Z H N Z X H Z W C N R I A R E N
  W W D T W T W E C O N O M I C S W T Z A T D Z G
    D E L E C T R O N I C S Q N R X D I Z C I X Q T
    A T B U S I N E S S T N T B G X C B N L I O C T R
      X O S N B T D Z V M E D I C I N E V G W N N V E
          O A D V E R T I S I N G R E T E I L T T
              Z R U C Z N X G E V Z H Z A M H
                W P U B L I S H I N G I X I
                  X G T H E A T E R A L
                    F R O A G O X R
                      K L A W R
                      D K P
```

Page 81
```
          T D X E R
        Z A D M N D S B Y X
      F V D P T M E W X T N S R
      R R X D T M I N U E N D V U R
      K E A M E X R G O R U R U O P M F
      D F M C H N O N U M E R A T O R N Q
      I M A T Z D N Z X I Z W C Z R O Z U Z
      D V T I I C S D X O N X D T W X D E O D
      U I N N O S U B T R A H E N D M U Z T U
      T S T D N M L T R Q T I B Z E C C T I Q
      J O L E I T D Z V E O Q O W C P T V E W
      R Z R B F A C T O R S J B L W J K N I
      H M G Z T A U J Z R M G Z M H Z G T
      S F D I V I D E N D W C A F X X U
      E R J Z R G W A T G X L T U A
      T R D I F F E R E N C E P
      S R E T N V R P R V
      F M H C I
```

Page 82
```
  P E A C O C K S R T R G D Q R V
  Z H O R S E S X R G F O U E U T
  U R F H T H W O D G N A C X E U
  Z Q M P R Z H M Z X M T K C Z R
  D T P T I C T U X C W S S T W K
  C H I N C H I L L A S Z X R X E
  T C G Q H O C E L T N H X Z X Y
  X O S Z E A Z S A T R Z E Q V S
  L Z M A S J P J M L X G E E S E
  P X U N Z T N U A E R N G Z P H
  C H I C K E N S S N U C W C Q T
```

Page 83
```
      J X D C J          M O T H S G P
      Q E T M A U        O B Y X P W T T
      Z C T V T T H      A X T N I Y R Y T
      Q X M P X Y E R    Z E Q R D O R P H
      Z V R X N T R R X   R U R U E M I G O R
      U Y F H W A S P S   O B X N R H N C H L
      E U M Z D M H I E J M E A C E S N E
      D O Q T K C T L A D Y B U G S Q
      H N D P M Q L D I X U X R X D R        F M U X
        T A Z L A Q B L T B E E S X T N L U T U
      X O L N R T D R V E R T P Q V O B V R I Y W Y
    J N A E Z A N T S M E S E N B J M J K J E K I K
  E W P X U G S T N W J T R R G E Q    K O T S E V E
  K X O T F M I E S K M L U F W          A I X R M R
  M U R R P N T G Z D G E A L G              W G U G
  R X N M X E R R W K S F I E
  J C K N S S W P E R N    E P R
      C B M R O        S X C H W I P T L
      O U Q          T Y Z Y Q T U Q S
                    M A N T I S E S
                    O I M E U Y
                    K T R
```

Page 84
```
        W A O W D H P
  O A M E R C U R Y G A N
  E F C X P C T S M R T C A F
  P I H S S D T U S L P I Q E
  E Z E I E S R E U W X D R R
  S H M H W R O X G R O R I T
  T M I D A H N H I E Q A Q I E
  I A C Q G Z C A X M R I A L V J T
  C Q A O E D B U L J I N R I I D K A
  I T L X C L A S A K A B E Z C T A E
  D L S Z G M E T A L S O W E M J T O H
  E E J M N J X M L B M J D R J P J E I
  S M O G R O U B Q W O G E S H N M U R
  C P X E C U I C C N K C K C A C I D S
  D W Y R A O K L G L E A D P N O R S G
      S Q X S S L A N D F I L L S
      R B J K S              H N K X
```

Page 85
```
    H T I G E R S W D
  A R N R I G U R Y S O C F
  R W H A L E S O K T C L H D A
  E O B E J E M V G R E U P E Q E
  T U E D Z F O B R F Q K H K U T
  L N A D R G N P E N G U I N S U
  F T R A L I K C A D E V N H S R
  I A S O E L E O P A R D S E M T
  Q A S J O R Y M H S D U A I R L
  G P A N D A S D Q N E S B M U E
  E I C E S M P G O R I L L A S
  S A R H I N O C E R O S Q L
  C E L E P H A N T S D W
  D S W X O R K V F
```

Page 86
```
        D R W T
    R Z T M C K X S
    J L T V R E G G A E
    Q X A R X A T R T B Z
    V R X Z R G X R K O R E
  U R F H L Z T O D G P Z B X N R H
  Z U M P D Z I N Z X E T H N I C X Z R
  D K E A K C M D X O R X D T W H Z D Y D
  R H O R C H E S T R A Z X R X A R Z T U E
  X C F T Q M L T R O N T B Z X M W T N T U
      I T D Z V C R P O Q V B L U E S Y
      B J F O L K X L J B M E J K M I A
      Z T N U J Z E L E C T R O N I C
      R J X O A N U C A O U N X X C R
      R O R E L I G I O U S T U G N
      T R A S K R F D A N C E P S
      W P B Z N V R P T V K F
      M C T M H C X R H D
      U K M X L Y
```

Page 87
```
          S N D O P X
      T M K M I C O B B G
      K O R A A K M A I G S O J
    S E U B Y A S A V R I P K I N
    T R T L W S R V G R X R Q T A Q R
    R H Z C H R O H G R O B I N S O N H
  E U M U X E H N C I P O I C B U P G R E
  A T A Q F D A X T O Q Y I A Q P W D Y W
  U H N I G C Z O N I U N T R L X P I A I
  L G T Q E A L W J X Q O B E N C H A N A
  V K L P O H C E O I K V M W X Q U P Z Y
  B E J B I Z I M B E F H R T Z A A N
  Z U D E A N B U E U I G E R H I G U
  R H R K C L C R N C B C V P Y C
  I G R S G W P X G T O I B Z G
  A X S I W G I J E S P I
  O R B A N K S G K S
  Z B O U
```

94

Glossary

Use a dictionary to learn about vocabulary words that aren't defined in this glossary.

abdomen: the tail end of an insect.

Adriatic Sea: part of the Mediterranean Sea between Italy and the Balkan Peninsula.

Aegean Sea: part of the Mediterranean Sea between Greece and Turkey.

allosaurus: a meat-eating dinosaur with big, curved teeth. It walked on two legs.

amateur: a sport played for pleasure rather than payment.

Anchorage: the largest city in Alaska.

antennae: the feelers on the head of an insect.

apatosaurus: a huge, plant-eating dinosaur with a long neck and an arched back.

astronomy: the study of objects outside the earth's atmosphere.

avalanche: snow drifts in mountainous areas that rush downward.

Badlands: a national park in South Dakota with ravines, cliffs, and prehistoric fossils.

Baltic Sea: a sea in northern Europe.

Barents Sea: part of the Arctic Ocean near northeast Europe.

barnacle: a type of shellfish that attaches itself to boats, rocks, and other animals.

beret: a soft cap with a flat top that is usually made of wool.

Bering Sea: part of the north Pacific Ocean, north of the Aleutian Islands.

Black Sea: a sea between Europe and Asia.

blizzard: a severe winter storm with dry, driving snow, strong winds, and intense cold.

boccie: a game that is like lawn bowling.

brachiosaurus: a tall, plant-eating dinosaur with a long neck and a massive, sloping body.

camouflage: the act of hiding by means of disguise.

canopy: the top layer of rainforest trees.

Canyonlands: a national park in Utah with canyons, mesas, and 1,000-year-old Native American rock carvings.

capybara: the largest living rodent. It looks like a large guinea pig with no tail and webbed feet.

Caribbean Sea: part of the Atlantic Ocean near Central and South America.

caribou: a large reindeer.

Carlsbad Caverns: a national park in New Mexico with underground caves.

cartilage: the strong, elastic tissue that connects bones and forms human ears and noses.

castle: a fortified residence, usually for royalty or the wealthy in medieval times.

catamaran: a sailboat with twin hulls and a deck between them.

cathedral: a principal Christian church.

cello: a large string instrument that is played with a bow and rests on the ground.

cellophane: a clear plastic used as a food covering.

China Sea: part of the Pacific Ocean near China.

chinchilla: a rodent native to South America that has very soft, gray fur.

church: a building for Christian worship.

cicada: a type of insect that makes a loud, shrill sound.

clarinet: a wind instrument played by blowing across a reed in the mouthpiece.

cloche: a close-fitting hat that has a rounded crown and narrow brim.

cobra: a large, poisonous snake that spreads its skin like a hood when agitated.

cockroach: an insect with a flattened body that is a household pest.

cod: a type of fish found in the Atlantic Ocean.

cold-blooded: animals, such as reptiles and fish, whose body temperatures change according to their surroundings.

comet: a celestial body made of mostly ice and dust that develops one or more long tails when near the sun.

continental shelf: a shallow area of the ocean floor along the coast.

coral: a hard material made of the skeletons of tiny sea animals.

coral reef: a ridge of rocks and coral found mostly in warm and shallow tropical seas.

Coral Sea: part of the Pacific Ocean near Australia.

cotton gin: a machine for separating the cotton fibers from the seeds.

croquet: an outdoor game that uses mallets to hit wooden balls through wire hoops in the ground.

curry: an Indian dish that is seasoned with a variety of strong spices.

cuscus: a type of possum that is most active at night.

Death Valley: a national park in California and Nevada. This desert is the lowest land surface in the U.S.

Denali: a national park in Alaska with Mt. McKinley, the highest mountain in North America.

desert: an area that has very little rainfall.

dragonfly: a type of insect with two sets of wings and a long, slender body.

earthquake: a series of vibrations caused by movements in the earth's crust.

emergent trees: the very tall trees that grow above the top layer of a rainforest.

eoraptor: a small, meat-eating dinosaur that walked on two legs.

Everglades: a national park in Florida that is a subtropical wilderness.

extinct: refers to a type of animal or plant that has died out. None are living today.

fez: a cone-shaped, flat-crowned hat with a tassel that is usually made of red felt.

fiction: an invented or imagined story about people and places that are not real.

flood: a flowing of water on land that is not normally submerged.

floor: the dark ground of a rainforest.

flute: a wind instrument played by blowing across a hole at one end and covering holes to change the tones.

forest: an area covered with trees and underbrush, also called a woodland.

fossil: the remains of a plant or an animal from millions of years ago preserved as a rock.

galaxies: very large groups of stars found throughout the universe. Ours is called the Milky Way Galaxy.

gecko: a small tropical lizard that is usually active at night.

glacier: a large mass of ice that moves slowly across a continent.

Glacier: a national park in Montana with glaciers and lakes.

gondola: a long and narrow boat with a flat bottom and a high front and back. It is often used on the canals of Venice.

gong: a percussion instrument that is a metal disk that makes a hollow, echoing sound when struck.

Grand Canyon: a national park in Arizona. The Colorado River cut the one-mile-deep canyon.

grassland: an area where most of the vegetation is grasses, sometimes called a prairie.

guppy: a tiny freshwater fish that is a common pet.

habitat: a plant or animal's natural environment.

hadrosaur: common, duck-billed, plant-eating dinosaurs.

harp: a large, triangular string instrument that is played by plucking the strings.

heron: a type of bird that lives near water and has long, thin legs and a long beak.

Honolulu: the capital of Hawaii.

hula: a native Hawaiian dance.

hummus: a paste of pureed chickpeas and sesame oil eaten as a dip or sandwich spread.

hurricane: a violent tropical storm in the Atlantic Ocean with high winds and rain.

hydrofoil: a motorboat that has fins attached to lift the boat from the water when it is going at least a certain speed.

inclined plane: a surface that makes a slanted angle with the horizon. An example is a ramp.

invertebrate: an animal without a backbone.

jacana: a small tropical bird with long toes for walking on water plants.

judo: a sport in which two people use quick movements to try to throw each other to the ground.

Juneau: the capital of Alaska.

junk: a type of boat used mainly in Chinese waters.

katydid: a green insect resembling a grasshopper. The male rubs its front wings to make a shrill noise.

kayak: a small boat propelled by hand with a paddle.

kelp: a large and edible type of brown seaweed.

kingfisher: a small bird that lives near water and has bright feathers and a long bill.

lemur: a primate native to Madagascar that has a longish muzzle, large eyes, very soft fur, and a long, furry tail.

lever: a bar that transmits force to pry something.

limpet: a type of sea animal with a protective shell. It clamps to rocks with a muscular foot.

llama: a long-necked South American animal that is related to the camel but is smaller and does not have a hump.

luge: a one- or two-person sled for racing down a chute.

macaw: a large parrot with colorful feathers and a loud voice.

mandrill: a large baboon. The male has a ribbed blue and red face.

mantis: a large insect that clasps its front legs as if in prayer.

marmoset: a small monkey with a long tail.

Glossary

marmot: a stout, short-legged rodent that has coarse fur, a bushy tail, and small ears.

marshland: an area with marshes, swamps, bogs, and other low, wet land.

mayfly: a type of insect with delicate wings.

Mediterranean Sea: a sea between Europe, Africa, and Asia.

meteorologist: a scientist who studies weather and the earth.

mimicry: the practice of copying.

mosque: a Muslim temple or place of worship.

mountain: an area with a much higher elevation than its surroundings.

museum: a building where works of art, scientific specimens, or other valuable objects are stored and displayed.

mushers: people who compete in dogsled races.

myna: a dark brown bird that can imitate the human voice.

Neolithic: the last period of the Stone Age.

nighthawk: a bird with long, spotted wings, short legs, and a short bill that is active at night.

North Sea: part of the Atlantic Ocean between Great Britain and the European mainland.

nuthatch: a small bird with a short tail and a sharp beak.

oboe: a wind instrument played by blowing across a double reed in the mouthpiece.

okapi: a mammal that resembles a giraffe but with a much shorter neck and striped legs.

Olympic: a national park in Washington with ocean, mountain, and rainforest habitats.

orangutan: a large ape with long, reddish-brown hair and long, strong arms.

organ: a keyboard instrument with one or more keyboards and pipes of different lengths.

ostrich: a very large, two-toed bird that does not fly.

paella: a rice dish that may also contain meat, seafood, and/or vegetables.

pagoda: a temple or sacred building usually found in Asia.

paleontology: the study of fossils and ancient life forms, including dinosaurs.

papayas: a large, yellow, melonlike fruit.

parasite: an organism that depends on another for existence or support without doing much in return.

peacock: a type of bird. The male peacock displays brightly colored, upright feathers.

Pearl Harbor: a U.S. naval base in Hawaii. Japanese forces attacked Pearl Harbor during World War II.

phonograph: an instrument that uses a needle and a revolving disc to reproduce sounds.

piranha: a type of fish that eats other fish and sometimes larger animals that enter the water.

planetarium: a building that uses moving projectors to display stars, planets, and other visible objects in space.

plankton: tiny animals and plants that float in bodies of water.

platypus: an egg-laying mammal with webbed feet and a broad bill, from Australia.

polar ice: the layer of ice at the North or South Pole.

polo: a game in which two teams of four players on horseback use long mallets to hit a small ball.

pontoon: a flat-bottomed boat.

pulley: a wheel that uses a rope or chain in a groove to transmit power.

pyramid: a building shaped like a triangle. Most pyramids were tombs or temple platforms.

quetzal: a type of bird with red and green feathers. The male has very long tail feathers.

rainforest: a tropical forest with high annual rainfall.

Red Sea: part of the Indian Ocean between Africa and Arabia.

Redwood: a national park in California with the world's largest living tree.

roadrunner: a small bird with brown or black feathers and a long tail. It runs quickly across the ground.

rock slide: when a mass of rocks suddenly dislodges and falls.

Saguaro: a national park in Arizona with a cactus forest that includes large saguaro cacti.

salamander: an amphibian that looks like a lizard but has soft, moist skin instead of scales.

sampan: a flat-bottomed boat that is used in eastern Asia.

saxophone: a brass wind instrument with keys for the fingers.

screw: a stick with a spiral thread on its surface and a place to turn it at one end.

scrubland: an area covered with low trees and shrubs.

sea anemone: a sea animal with a tube-shaped body and circles of tentacles around its mouth.

sea fan: colorful coral with a flat, fanlike shape.

Shenandoah: a national park in Virginia with the Blue Ridge Mountains and Skyline Drive.

skink: a type of lizard with flat, overlapping, smooth scales.

skyscraper: a tall building usually used for offices.

sloop: a boat with one mast and one triangular sail.

sloth: a type of mammal with long legs, curved claws, and shaggy fur. It moves slowly and hangs upside down in trees.

sombrero: a hat with a high crown and wide brim.

squash: a game played by two people who use racquets to hit a small, rubber ball against the walls of an enclosed court.

stadium: a sports arena with tiers of seats for spectators.

stegosaurus: a plant-eating dinosaur with two rows of spines down its back and long, heavy spikes on its tail.

sushi: raw seafood, often served with cold rice and vegetables.

swallow: a type of bird with a short bill, long, pointed wings, and a forked tail.

swamp: an area of wet, spongy land.

swift: a type of bird that is related to the hummingbird but looks like a swallow.

synagogue: a Jewish temple or place of worship.

synthesizer: an electronic instrument that can make a variety of sounds and imitate other instruments.

tamarin: a type of mammal that resembles a monkey with a long tail and silky fur.

tapir: a large animal that looks like a pig with a long snout and hooves.

tarsier: a small mammal that resembles a monkey with large eyes and padded fingers and toes.

Tasman Sea: part of the Pacific Ocean between Australia and New Zealand.

telegraph: a device that sends messages over long distances by using a code of electrical signals.

temple: a place for religious worship.

termite: a type of insect that eats wood and resembles an ant.

thorax: the part of an insect's body between its head and its abdomen.

titi: a small, red or gray monkey.

tomb: a place where a person is buried or a building that is a memorial to a dead person.

tornado: a violent windstorm that can be identified by a long, funnel-shaped cloud that extends to the ground.

toucan: a brightly colored tropical bird with a large beak.

tower: a vertical part of a building that is much taller than the building around it, sometimes a prison or fortress.

triangle: a triangular percussion instrument that is struck with a metal rod.

triceratops: a plant-eating dinosaur with a short frill behind its head and three horns.

trombone: a brass wind instrument with a long, bent tube that slides back and forth to play different tones.

tsunami: huge ocean waves caused by undersea earthquakes or volcanoes.

tuatara: a large reptile that looks like a lizard. It can live over 100 years.

tuba: a large, brass wind instrument that makes a deep sound. It has several valves to change the tones.

tundra: an extremely cold and dry area. Part of the soil is frozen all year.

turban: a head covering made by winding a long cloth.

typhoon: a violent tropical storm in the Pacific Ocean or China Sea with high winds and rain.

tyrannosaurus: a large, meat-eating dinosaur that walked on two legs.

understory: the middle layer of trees in a rainforest.

universe: everything that physically exists.

vertebrate: an animal with a backbone.

violin: a string instrument with four strings that are played with a bow.

volcano: a vent in the earth's crust that allows lava, steam, and ash to come out.

warm-blooded: animals, such as mammals, whose body temperatures must remain constant.

wedge: a piece of wood or iron with a thin edge that is used for splitting or lifting something.

wheel and axle: a grooved wheel that is turned by a rope or chain to lift something.

woodland: an area covered with trees, also called a forest.

Yellowstone: a national park in Idaho, Montana, and Wyoming. It has the world's greatest geyser area.

Yosemite: a national park in California with mountain scenery, including gorges and waterfalls.

Great job! You did it!